Coletânea de Textos de

Helena Petrovna Blavatsky

Volume I

Sabedoria Divina, Questões Psicológicas e Sonhos

Coletânea de Textos de

Helena Petrovna Blavatsky

Volume I

Sabedoria Divina, Questões Psicológicas e Sonhos

EDITORA
TEOSÓFICA

Direitos Autorais à
EDITORA TEOSÓFICA
SIG Quadra 6, nº 1235
70.610-460 – Brasília, DF
Tel.: (61) 3322-7843
E-mail: editorateosofica@editorateosofica.com.br
Site: www.editorateosofica.com.br

B645c Blavatsky H.P.

Coletânea de Textos de Helena P. Blavatsky / H. P. Blavatsky; Valéria Marques de Oliveira (Org.) – Brasília: Editora Teosófica, 2022.

272 p.

Vários tradutores.

ISBN 978-65-88797-83-9

1. Teosofia 2. Teósofo I. Oliveira, Valéria Marques de II. Título.

CDU 141.332

(Mayara Cristovão da Silva / CRB 2812 / Brasília. DF, Brasil)

Compilação e revisão final: Valéria Marques de Oliveira
Diagramação/Capa: Ana Paula Cichelero

Agradecimentos

A publicação desta *Coletânea de Textos de H.P. Blavatsky* somente se tornou possível pela colaboração de muitos voluntários, estudantes de Teosofia, que auxiliaram tanto na tradução quanto na revisão de cada um dos escritos.

Em primeiro lugar, agradecemos aos idealizadores do Projeto "Pioneiros". Através de um exaustivo trabalho, esses estudantes vêm contribuindo com a disseminação dos ensinamentos teosóficos, traduzindo e publicando, de forma independente, obras ainda inéditas na língua portuguesa. Os textos *Sonhos* e *Questões Psicológicas* foram publicados por eles, e, posteriormente, os direitos foram cedidos à Editora Teosófica.

Exprimimos o nosso agradecimento às estudantes de Teosofia: Cristiane Schu, pela tradução do texto *Sonhos,* e Maria Alice Barros da Fonseca (Loja Brasília/DF), que realizou uma criteriosa revisão técnica do mesmo.

Os textos que compõem o capítulo *Questões Psicológicas* foram selecionados por Régis Alves de Souza, sob a coordenação de Vicente Fiumano, traduzidos por membros da Loja Dharma da Sociedade Teosófica de

Porto Alegre/RS e, finalmente, revisados por Fernando Mansur, membro da Loja de Florianópolis/SC. Assim, desejamos a todos esses estudantes um aprendizado contínuo e sincero, e expressamos o nosso mais sincero muito obrigado. Parte das informações contidas no Prefácio são resultados de pesquisas desses estudantes, por isto, deixamos também registrado o nosso agradecimento.

A nossa gratidão também se estende a Marly Winckler que, gentilmente, cedeu a tradução dos seguintes textos: *O que é a Teosofia*, *O que são os teósofos* e *"Que é a Verdade?"*

Não podemos deixar de agradecer ao Centro Lusitano de Unificação Cultural (CLUC) pela cessão dos direitos autorais da tradução do texto *O Farol do Desconhecido*, publicado em Portugal.

E, finalmente, agradecemos pela pesquisa efetuada por Marcelo Luz (Loja Brasília/DF) sobre as diferentes utilizações de alguns termos teosóficos por Helena P. Blavatsky, resultando desta forma no Apêndice dessa obra.

Sumário

Prefácio da Edição Brasileira

Essa edição é resultado da compilação de textos escritos por Helena P. Blavatsky, fundadora do movimento teosófico. Ela apresenta aos estudantes de Teosofia um precioso material para auxiliá-los no aprofundamento dos ensinamentos teosóficos.

Inicialmente, pensou-se em publicar um livro com o texto intitulado *Sonhos*, porém, após algumas considerações, decidiu-se por incluir outros escritos de Helena P. Blavatsky, por entendermos serem eles de extrema importância para uma melhor compreensão do conhecimento teosófico.

O leitor encontrará nos primeiros capítulos dessa obra, ensinamentos profundos e esclarecedores sobre temas como: Teosofia, a Verdade, o significado de ser um teósofo. No Capítulo V, *O Farol do Desconhecido*, H. P. Blavatsky apresenta algumas pérolas que auxiliarão o estudante a navegar por mares até então não navegados e, certamente, iluminará aqueles que buscam, com sinceridade e com o espírito investigativo, o farol que os conduzirá à Sabedoria.

O texto denominado *As questões psicológicas,* tema tratado no Capítulo VI da presente Coletânea, constitui o ponto central de quatro artigos, que são: "Psicologia, a Ciência da Alma", publicado na revista *Lucifer*, em outubro de 1896, mais de cinco anos após a morte da autora. O valor óbvio desta publicação é o resultado da vigorosa crítica que ela faz aos pressupostos materialistas das concepções psicológicas da ciência do século XIX.

A parte denominada "Ação Psíquica e Noética", desse mesmo capítulo, constitui um artigo composto por duas partes, e também publicado na revista *Lucifer*, em outubro e novembro de 1890. Nele, a autora examina as limitações da "psicologia fisiológica", prevalecentes naquele período e considera autêntico o pensamento de um renomado acadêmico, o Professor George T. Ladd, da Universidade de Yale, o qual não concordava com a psicologia do momento, assumindo uma forte posição crítica aos seus postulados. A investigação da psicologia filosófica de Ladd leva a discussão muito além da simples objeção fundamental sobre a ciência psicológica ocidental daquela época. Nesta exposição, H.P.B. apresenta diretamente o problema do "livre-arbítrio", tratando-o em termos de psicologia teosófica (baseados nos "princípios" da natureza humana). Encontra-se também uma esclarecedora e iluminada consideração sobre os processos e os fenômenos psicológicos particulares considerados à "luz dos ensinamentos teosóficos", incluindo um relato geral sobre a psicopatologia do estado de "médium".

O item desse capítulo, denominado de "O Aspecto Dual da Sabedoria", foi publicado na revista *Lucifer*, em setembro de 1890, e se propõe a restabelecer a Psicologia no seu antigo papel de assistente da Filosofia, transformando-a novamente em uma Ciência Sagrada. O artigo também revela a sabedoria oculta no Cristianismo, relacionando muitas passagens bíblicas com os ensinamentos da psicologia sagrada ou ocultista. Esta discussão reaproxima a filosofia espiritual e a psicologia, fundindo-as em uma única ciência.

Foi acrescentado, nesse mesmo Capítulo, o artigo "Diálogo entre duas Editoras". Ele foi publicado na revista *Lucifer*, em dezembro de 1888. As "duas editoras" são H.P.B. e Mabel Collins ("MC"), e as suas comparações e intercâmbios abrangem um vasto campo de material psicológico e oculto.

Vale a pena ressaltar que, como a ciência da psicologia passou por muitas transformações desde a reimpressão destes artigos, e que atualmente está penetrando em outros campos, como a filosofia e a religião, o leitor vai se alegrar pelo fato de que Madame Blavatsky não limitou seus escritos aos estreitos parâmetros acadêmicos. Na verdade, várias "descobertas" que a psicologia tem feito nos últimos anos demonstram um atributo de qualidade contemporânea e de considerável importância para estes escritos de H.P. Blavatsky, que vieram a público originalmente entre 1888 e 1891.

O capítulo VII, *Sonhos*, foi publicado, inicialmente, no volume *Transactions of the Blavatsky Lodge*[1] no ano 1923. O texto foi copiado por um estenógrafo no decorrer dos diálogos ocorridos durantes reuniões realizadas em Londres entre os dias 20 e 27 de dezembro de 1888.

Finalmente, para melhor compreensão dos diferentes termos acerca do completo funcionamento dos sete princípios do homem, tanto em seu estado de vigília quanto durante o sono, utilizados no capítulo sobre *Sonhos*, bem como em alguns dos outros textos, a Editora decidiu por inserir o apêndice denominado *A Natureza Setenária do Homem*.

Esperamos que essa *Coletânea* seja apenas o início de um trabalho enriquecedor e totalmente deslumbrante de trazer ao público da língua portuguesa a ponta do *iceberg* levantado por Helena P. Blavatsky.

Editora Teosófica

[1] Parte das atas publicadas nesse volume encontram-se no livro *Comentários sobre A Doutrina Secreta*, Brasília: Ed. Teosófica, 2019. (Nota Ed. Bras.)

Capítulo I

“Que é a Verdade?”

“Que é a Verdade?”[2]

Verdade é a Voz da Natureza e do tempo
Verdade é o motor de ignição *dentro de nós*
Nada existe sem ela, ela vem das estrelas,
Do sol dourado, e de toda a brisa que sopra...

William Thompson Bacon[3]

.... Sol imortal da Verdade Justa
Às vezes está escondido em nuvens; não que sua luz
Seja em si mesma defeituosa, mas obscurecida
Por minha Fé fraca, preconceituosa e imperfeita
E todas as mil causas que obstruem
O crescimento da bondade.

Hannah More[4]

---

[2] Texto extraído da revista *Lucifer,* Vol I, nº 6, fevereiro, 1888, p. 425-433. Este título faz alusão a João 18:38: “então Pilatos questionou a Jesus: ‘Que é a Verdade?’. E assim que disse isso, saiu de novo para onde estavam reunidos os judeus, e disse-lhes: ‘Não encontrei qualquer falta neste homem’”. (Nota da tradutora)

[3] *Thoughts in Solitude,* William Thompson Baco.

[4] *Daniel: A Sacred Drama,* Parte II, 98-103, Hannah More.

“Que é a Verdade?”, perguntou Pilatos a alguém que, caso as alegações da Igreja Cristã sejam mesmo que aproximadamente corretas, deve saber. Mas Ele ficou em silêncio. E a verdade que Ele não divulgou permaneceu não revelada, para seus últimos seguidores, bem como para o Governador Romano. O silêncio de Jesus, entretanto, nesta e em outras ocasiões, não impede seus presentes seguidores de agir como se tivessem recebido a própria Verdade última e absoluta; nem de ignorarem o fato de que foram oferecidas apenas as Palavras de Sabedoria que continham em si uma porção da verdade, escondida por sua vez em parábolas e ditos belos e herméticos[5] .

Esta política levou gradualmente ao dogmatismo e à asserção. Dogmatismo nas igrejas, dogmatismo na ciência, dogmatismo em todas as partes. As verdades possíveis, nebulosamente percebidas no mundo da abstração, como as inferidas da observação e do experimento no mundo da matéria, são impostas sobre as multidões profanas, ocupadas demais para pensar por si mesmas, sob a forma de *revelação Divina* e *autoridade científica*. Mas a mesma questão permanece aberta dos dias de Sócrates e Pilatos até nossa própria época de indiscriminada negação: haverá tal coisa com uma verdade absoluta nas

---

[5] Jesus disse aos “Doze” : “A vós vos é dado o mistério do reino de Deus; mas aos de fora tudo se lhes propõe em parábolas, etc.” (*Marcos* 4:11)

mãos de um grupo ou de um homem? A razão responde que "não pode haver". Não há espaço para uma verdade absoluta sobre qualquer tema em um mundo tão finito e condicionado como o próprio homem. Mas há verdades relativas, e temos de tirar delas o melhor partido que pudermos.

Em todas as épocas houve Sábios que tinham maestria sobre o absoluto e, no entanto, podiam ensinar apenas verdades relativas. Pois ninguém ainda, nascido de uma mulher mortal em *nossa* raça, possuiu ou pôde oferecer toda e a final verdade para outro homem, pois cada um de nós deve encontrar este conhecimento final (para si) *em si*. Como duas mentes não podem ser absolutamente iguais, cada qual deve receber a iluminação suprema *através* de si, de acordo com suas capacidades, e não proveniente de luz *humana*. O maior Adepto vivo pode revelar da Verdade Universal apenas tanto quanto a mente que ele está impressionando pode assimilar, e não mais. *Tot homines, quot sententiae* (cada cabeça uma sentença) – é um truísmo imortal. O sol é único, mas seus raios são inúmeros; e os efeitos produzidos são beneficentes ou maleficentes de acordo com a natureza e constituição dos objetos sobre os quais sua luz incide. A polaridade é universal, mas o polarizador está em nossa consciência. Na medida em que nossa consciência é elevada para a verdade absoluta, nós homens a assimilamos mais ou menos absolutamente. Mas a consciência do homem, além disso, é apenas o girassol da terra. Desejando ardentemente um raio morno do sol, a planta pode apenas se virar para ele, e mover-se em círculo seguindo o curso da luminária inalcançável: suas raízes a mantém fixa no chão, e metade de sua vida se passa na sombra. . . .

Mesmo assim cada um de nós pode alcançar relativamente o Sol da Verdade mesmo aqui nesta terra, e assimilar seus raios mais quentes e diretos, por mais diferenciados que possam ter se tornado após sua longa jornada pelas partículas físicas do espaço. Há dois métodos para alcançar isto: no Plano Físico podemos usar nosso polariscópio mental; e, analisando as propriedades de cada raio, escolher os mais puros. No plano da espiritualidade, para alcançar o Sol da Verdade precisamos trabalhar com afinco no desenvolvimento de nossa natureza superior. Sabemos que ao paralisarmos gradualmente dentro de nós os apetites da personalidade inferior, tornando, assim menos intensa a voz da mente puramente fisiológica, mente esta que depende e é inseparável de seu meio ou veículo, o cérebro orgânico, o homem animal em nós, pode abrir espaço para o espiritual; e uma vez despertados de seu estado latente, os sentidos e as percepções espirituais mais elevados crescem em nós na mesma proporção e se desenvolvem *pari passu* com o "homem divino". É isto o que os grandes Adeptos, os iogues do Oriente e místicos do Ocidente sempre fizeram e ainda fazem.

Mas também sabemos que, salvo poucas exceções, homem algum do mundo, nenhum materialista, jamais acreditará na existência de tais Adeptos, ou mesmo na possibilidade de um desenvolvimento espiritual ou psíquico tão elevado. "O tolo (antigo) dizia para si mesmo, Deus não existe"; o moderno diz "Não existem Adeptos na Terra, eles são apenas ficção de nossa fantasia doentia". Sabendo disso nos apressamos em reafirmar para nossos leitores o tipo Tomás Dídimo. Rogamos que se voltem nesta revista para leituras mais adequadas a eles; por exemplo, aos artigos variados sobre o Hilo-idealismo de vários autores.[6]

Pois *Lucifer* tenta satisfazer leitores de todas as "escolas de pensamento", e mostra-se igualmente imparcial com teístas e ateístas, místicos e agnósticos, cristãos e gentios. Artigos como nossos editoriais, os Comentários sobre *Luz no Caminho*[7] etc. etc. não são destinados aos materialistas. São endereçados aos teósofos, ou leitores

---

[6] Por exemplo, para o pequeno artigo "Autocentrismo" – sobre a mesma "filosofia" ou para o ápice da pirâmide Hilo-idealista neste exemplar. É uma carta de protesto do erudito Fundador da Escola em questão contra um *erro* nosso. Ele se queixa de termos "juntado" seu nome com o do Sr. Herbert Spencer, Drawin, Huxley e outros, sobre a questão do ateísmo e do materialismo, pois as ditas luzes nas ciências psicológicas e físicas são consideradas pelo Dr. Lewins muito vacilantes, muito "conciliatórias" e fracas, para merecerem o honrado nome de ateus ou até mesmo agnósticos. *Ver* "Correspondência" na Coluna Dupla e a resposta do Adversário.

[7] COLLINS, Mabel. *Luz no Caminho*, Brasília: Editora Teosófica, 2021. (Nota Ed. Bras.)

que sabem no fundo do coração que Mestres de Sabedoria de fato existem: e embora a verdade *absoluta* não esteja na Terra e deva ser buscada nas regiões superiores, que mesmo assim há, mesmo neste nosso globinho insignificante sempre a girar, algumas coisas que não são nem mesmo sonhadas na Filosofia Ocidental.

Voltemos ao nosso tema. Segue-se então que, embora "a verdade geral *abstrata* seja a mais preciosa de todas as bênçãos", para muitos de nós, como o foi para Rousseau, temos de nesse ínterim nos contentar com verdades relativas. O fato é que somos um pobre conjunto de mortais na melhor das hipóteses, sempre com medo diante até mesmo de uma verdade relativa, temendo que possa nos devorar e juntamente conosco nossos insignificantes e pequenos preconceitos. Quanto a uma verdade absoluta, a maioria de nós é tão incapaz de vê-la quanto de chegar à lua de bicicleta. Primeiro, porque a verdade absoluta é tão imutável quanto a montanha de Maomé, que se recusou a se dar ao incômodo pelo profeta, de sorte que ele mesmo teve de ir até ela. E temos de seguir seu exemplo se quisermos nos aproximar dela até mesmo a certa distância. Segundo, porque o reino da verdade absoluta não é deste mundo, ao passo que somos demasiadamente dele. E terceiro, porque apesar de o homem ser na fantasia do poeta

.... o abstrato
De toda a perfeição, que a habilidade
Do céu modelou...

Na realidade ele é um triste feixe de anomalias e paradoxos, uma bolsa de vento vazia, inflada com sua própria importância, com opiniões contraditórias e facilmente influenciadas. Ele é ao mesmo tempo uma criatura arrogante e fraca, que, embora em constante temor de alguma autoridade, terrestre ou celeste, ainda assim:

... como macaco zangado,
Pratica truques tão fantásticos diante do Céu supremo
Que faz os anjos chorar.[8]

Ora, como a verdade é uma joia multifacetada, é impossível perceber todas as suas facetas de uma só vez; e como, além disso, dois homens, por mais ansiosos por discernir a verdade que estejam, não podem ver nem mesmo uma destas facetas da mesma forma, o que se pode fazer para ajudá-los a percebê-la? Como o homem físico, limitado e restrito de todos os lados pelas ilusões, não pode alcançar a verdade pela luz de suas percepções terrestres, dizemos: desenvolva em si o conhecimento *interno*. Desde os tempos em que o oráculo délfico disse ao inquiridor: "Homem conhece a ti mesmo", nenhuma verdade maior, nem mais importante, foi jamais ensina-

---

[8] Shakespeare, *Measure for Measure*, Ato 2, cena 2.

da. Sem tal percepção, o homem permanecerá sempre cego até mesmo a uma verdade relativa, que dirá a absoluta. O homem deve conhecer a si mesmo, isto é, adquirir as percepções *interiores* que jamais enganam, antes de poder dominar qualquer verdade absoluta. A verdade absoluta é o *símbolo da Eternidade*, e nenhuma mente finita pode jamais compreender o eterno, daí que nenhuma verdade em sua totalidade pode jamais ser absorvida por ela. Para alcançar o estado durante o qual o homem a vê e sente, temos de paralisar os sentidos do homem externo de barro. Esta é uma tarefa difícil, nos é dito, e a maioria das pessoas sem dúvida preferirá, por isso, se satisfazer com verdades relativas. Mas aproximar-se de verdades até mesmo terrestres requer, antes de tudo, *amor à verdade pela própria verdade*, pois de outro modo não haverá qualquer reconhecimento dela. E quem ama a verdade nesta época pela própria verdade? Quantos de nós estão preparados para buscá-la, aceitá-la e cumpri-la, no meio de uma sociedade em que qualquer coisa que possa obter sucesso *precisa ser edificada sobre aparências, e não sobre a realidade, sobre a autoasserção, e não sobre o valor intrínseco?* Temos plena consciência das dificuldades no caminho de se receber a verdade. A justa virgem celeste desce apenas sobre um (para ela) solo apropriado – o solo de uma mente imparcial, sem preconceitos, iluminada pela pura Consciência Espiritual; e ambos são realmente raros habitantes das terras civilizadas. Em nosso século do vapor e da eletricidade, quando o homem vive a uma velocidade louca que mal lhe deixa tempo para reflexão, ele em geral se deixa levar, do berço ao túmulo, preso que está à cama procrusteana do costume e da convenção. Ora, a convenção, pura e simples, é uma MENTIRA congênita, pois é em todos os casos uma "*simulação* de sentimentos de acordo com um padrão herdado" (definição de F. W. Robertson); e onde há qualquer simulação *não* pode haver verdade alguma. O quão profundo é o comentário de Byron quando diz que: "A verdade é uma gema encontrada em grande profundidade; quando na superfície deste mundo tudo é pesado *nas falsas balanças do costume*", é mais bem conhecido por aqueles que são forçados a viver na atmosfera sufocante deste convencionalismo social, e que, mesmo quando desejoso e ansioso para aprender, não ousa aceitar as verdades pelas quais anela, por medo do feroz Moloch chamado Sociedade.

Olhe em volta, leitor; estude os relatos dados por viajantes conhecidos, recorde-se das observações semelhantes de pensadores literários, os dados da ciência e da estatística. Faça uma imagem da sociedade moderna, da política moderna, da religião moderna e da vida moderna em geral diante dos olhos. Lembre-se dos hábitos e costumes de toda raça e nação culta sob o sol. Observe os atos e a atitude moral das pessoas nos centros civilizados da Europa, Estados Unidos e até mesmo no Extremo Oriente e nas colônias, em toda a parte onde o homem branco levou os "benefícios" da assim chamada civilização. E agora, tendo passado em revista tudo isso, pare e reflita, e depois indique, se puder, este *Eldorado* abençoado, este local excepcional no globo, onde a VERDADE é a hóspede ilustre e a MENTIRA e a FALSIDADE as proscritas condenadas ao ostracismo. NÃO PODES. Nem ninguém mais pode, a menos que estejas preparado e determinado a adicionar seu bocadinho à massa de falsidades que reina suprema em cada departamento da vida nacional e social. "Verdade, verdade, mesmo que os céus me esmaguem por segui-la, não quero a falsidade, mesmo que toda uma celeste Lubberland[9] fosse o preço da Apostasia!", gritou Carlyle. Nobres palavras. Mas quantos pensam e quantos ousariam falar como Carlyle em nosso século XIX? A esmagadora maioria não preferiria o "paraíso do faz nada", o *pays de Cocagne*[10] do impiedoso egoísmo? É esta maioria que recua apavorada diante do mais vago esboço de toda nova e impopular verdade, por mera covardia, com medo de que Mrs. Harris[11] pos-

---

[9] Lubberland: uma terra abundante imaginária onde não se precisa trabalhar; a terra da preguiça. (Nota da tradutora)

[10] *Pays de Cocagne*: País de Cocagne: nome de um país imaginário, sede da luxúria e da preguiça; sinônimo de Lubberland. (Nota da tradutora)

[11] Mrs Harris e Mrs Grundy: Sra Grundy, é o nome de um personagem inglês imaginário, que tipifica o controle disciplinar das "propriedades" convencionais da sociedade sobre a conduta, a pressão tirânica da opinião dos vizinhos sobre os atos dos outros. O nome aparece em uma peça de Thomas Morton, Speed the Plough (1798), na qual uma das personagens, Dama Ashfield, se refere continuamente ao que sua vizinha, a Sra. Grundy, dirá como o critério de respeitabilidade. A Sra. Grundy não é uma personagem da peça, mas é uma espécie de "Sra. Harris" para a Dama Ashfield. *Enciclopédia Britânica.* (Nota da tradutora)

sa denunciá-la e Mrs. Grundy condená-la, converte-se à tortura de ser despedaçada por sua língua mortífera.

EGOÍSMO, primogênito da Ignorância e fruto do ensinamento que afirma que para cada recém-nascido é "criada" uma alma nova, *separada e distinta* da Alma do Universo – este Egoísmo é o muro intransponível entre o Eu *pessoal* e a Verdade. É a mãe prolífica de todos os vícios humanos, a *Mentira* que nasce da necessidade de simular, e a Hipocrisia do desejo de mascarar a *Mentira*. É o fungo que cresce e se fortalece com o tempo no coração de cada ser humano, do qual devorou todos os melhores sentimentos. O egoísmo mata todo impulso nobre em nossa natureza, e é a deidade única que não teme a deslealdade nem a deserção de seus devotos. Daí, vemos ele reinar supremo no mundo e na assim chamada sociedade elegante. Como resultado, vivemos, nos movemos e levamos nossa existência nessa deusa das sombras, sob seu trinitário aspecto da Hipocrisia, Fraude e Falsidade, chamada RESPEITABILIDADE.

É isto Verdade e Fato ou calúnia? Volte-se para onde quer que seja e verá, do alto até a parte mais baixa da escada social, engano e hipocrisia em funcionamento para o bem do querido Eu, em todas as nações, bem como em todo indivíduo. Mas as nações decidiram, por tácito acordo, que motivos egoístas na política devem ser chamados de "nobres aspirações nacionais, patriotismo", etc.; e o cidadão vê isso em seu círculo familiar como "virtude doméstica". Não obstante, o Egoísmo, seja quando ele desperta desejo por engrandecimento de território ou competição no comércio às expensas do semelhante, jamais pode ser considerado uma virtude. Vemos a ENGANAÇÃO persuasiva e a FORÇA BRUTA – os *Jaquim* e *Boaz* de todo Templo Internacional de Salomão – chamados Diplomacia – e os chamamos por seus verdadeiros nomes. Porque o diplomata se curva até o chão diante destes dois pilares da glória e da política nacional, e imprime seu simbolismo maçônico "na força [ardilosa] deve minha casa ser estabelecida" na prática diária; isto é, consegue por meio de enganação o que não pode obter pela força, devemos aplaudi-lo? A qualificação de um diplomata – "destreza ou perícia em garantir vantagens" para seu país às expensas de outros países, dificilmente pode ser alcançada falando-se a verdade, mas certamente com uma língua astuta e enganadora; e, portanto, *Lucifer* qualifica esta ação de uma MENTIRA *evidente* e deslavada.

Mas não é só na política que o costume e o egoísmo concordam em chamar a enganação e a mentira de virtude, e a recompensar com estátuas públicas aquele que mente melhor. Toda classe de Sociedade se alimenta de MENTIRAS e se esfacelaria sem ela. A aristocracia, culta e temente a Deus e à Lei, que aprecia tanto o fruto proibido quanto qualquer plebeu, é forçada a mentir da manhã à noite para encobrir o que gosta de chamar de seus "pequenos pecadinhos", mas que a VERDADE considera crassa imoralidade. A sociedade da classe média é corroída por falsos sorrisos, falsos discursos e mútua traição. Para a maioria a religião se tornou um fino véu barato, jogado sobre o cadáver da fé espiritual. O amo vai à igreja para enganar seus servos; os curas famintos – que pregam aquilo em que já não acreditam – logram seus bispos; o bispo a seu Deus. *Diários*, políticos e sociais, podem adotar com vantagem para seu lema a imortal indagação de George Dandin[12]: "*Lequel de nous deux trompe-t-on ici*?" (A qual de nós dois estamos enganando aqui?) – até mesmo a ciência, que era a tábua de salvação da Verdade, cessou de ser o templo do Fato *nu e cru*. Praticamente como um homem comum, os cientistas lutam hoje apenas para forçar sobre seus colegas e o público a aceitação de algum *hobby* pessoal, de alguma nova teoria, que lançará brilho e fama sobre seu nome. Um cientista está tão pronto a suprimir provas prejudiciais contra uma hipótese científica corrente em nossa época, quanto um missionário em terras pagãs ou um pregador em casa a persuadir sua congregação de que a geologia moderna é uma mentira, e a evolução apenas vaidade e vexação do espírito.

Este é o estado das coisas em 1888 d.C., porém, somos repreendidas por certos jornais por vermos este ano em cores mais do que sombrias!

---

[12] [Personagem principal da comédia de Moliére com o mesmo nome; é em três atos, escrita em prosa e foi encenada pela primeira vez em 19 de julho de 1660. – Compilador do *Collect Writings,* Boris de Zirkoff.]

A mentira se espalhou tanto – apoiada que é pelo costume e o convencionalismo, que mesmo a cronologia força as pessoas a mentir. Os sufixos d.C. e a.C. apensos ao ano pelos judeus e pagãos, na Europa, e até em terras asiáticas, pelos materialistas e agnósticos e também pelos cristãos, em casa, são uma mentira usada para sancionar outra MENTIRA.

Onde, então, pode ser encontrada até mesmo a verdade relativa? Se, já no tempo de Demócrito, ela lhe apareceu na forma de uma deusa deitada no fundo de um poço, tão fundo que pouca esperança havia de sua libertação; nas presentes circunstâncias temos certo direito de acreditar estar ela no mínimo escondida, tão distante como o sempre invisível lado escuro da lua. É por isso talvez que todos os devotos das verdades ocultas são imediatamente considerados lunáticos. Seja como for, de forma alguma e sob nenhuma circunstância, *Lucifer* jamais será forçado a ceder a qualquer mentira universal e tacitamente reconhecida e universalmente praticada, mas se aterá aos fatos, puros e simples, tentando proclamar a verdade onde quer que se encontre e sem qualquer máscara covarde. O fanatismo e a intolerância podem ser considerados como política ortodoxa e íntegra, e o estímulo de preconceitos sociais e *hobbies* pessoais às custas da verdade, como um curso sensato a seguir a fim de garantir o sucesso para uma publicação. Que assim seja.

As editoras de *Lucifer* são teósofas, e seu lema é: *Vera pro gratiis* (A verdade de preferência ao favor).

Elas têm plena consciência de que as libações e sacrifícios à deusa da verdade feitos por *Lucifer* não enviam um aroma saboroso aos narizes dos senhores da imprensa, nem o brilhante "Filho da Manhã" tem um doce perfume para seu olfato. Ele é ignorado quando não maltratado, pois *veritas odium parit* (a verdade gera o ódio). Mesmo seus amigos começam a encontrar falhas nele. Não veem por que *não pode ser uma revista puramente teosófica,* em outras palavras, por que se recusa a ser dogmática e fanática. Em vez de devotar cada centímetro de espaço aos ensinamentos teosóficos, abre suas páginas "para a publicação dos elementos mais grotescamente heterogêneos e das doutrinas conflitantes". Esta é a principal acusação, à qual respondemos – por que não? Teosofia é conhecimento divino, e conhecimento é verdade; todo fato *verdadeiro,* toda palavra sincera, são assim parte integral da Teosofia. Alguém que seja perito em alquimia divina ou mesmo aproximadamente abençoado com o dom da percepção da verdade, discernirá entre afirmações errôneas e corretas. Por menor que seja a partícula de ouro perdida em uma tonelada de lixo, ainda é o metal nobre e merece ser cavado, mesmo ao preço de algum trabalho extra. Como foi dito, com frequência é tão útil saber o que uma coisa *não é*, quanto o que é. O leitor comum dificilmente pode esperar encontrar qualquer fato em uma publicação sectária sob todos os aspectos, *pros e contras*, pois de uma maneira ou de outra sua apresentação certamente será tendenciosa, e a balança ajudada a se inclinar para o lado para o qual a política especial do editor é direcionada. Assim, talvez uma revista teosófica seja a única publicação onde se pode esperar encontrar, em todos os casos, a imparcial, ainda que aproximada verdade e os fatos. A verdade nua e crua reflete-se em *Lucifer* sob seus muitos aspectos, pois nenhuma visão filosófica nem religiosa é excluída de suas páginas. E, como toda filosofia e religião, por mais incompletas, insatisfatórias e até mesmo bobas que possam ocasionalmente ser, devem basear-se em uma verdade e fato de algum tipo, o leitor tem assim a oportunidade de comparar, analisar e escolher entre as várias filosofias aqui discutidas. *Lucifer* oferece tantas facetas da joia Única universal quanto permite seu espaço limitado, e diz a seus leitores: "escolhei hoje a quem haveis de servir; se aos deuses a quem serviram vossos pais, que estavam do outro lado do rio, que submergiram os poderes de raciocínio do homem e o conhecimento divino, ou aos deuses dos amorreus do *costume* e da *falsidade social*, ou o Senhor do (mais elevado) Eu – o brilhante destruidor do poder escuro das ilusões?[13] Certamente,

[13] Citação da Bíblia (Josué, 24, 15), com interpolações de H.P.B. A citação da Bíblia é: "...escolhei hoje a quem haveis de servir; se aos deuses a quem serviram vossos pais, que estavam além do Rio, ou aos deuses dos amorreus, em cuja terra habitais. Porém eu e a minha casa serviremos ao Senhor".

aquela filosofia que tende a diminuir em vez de aumentar a soma da miséria humana que é a melhor.

Em todo o caso, a escolha aí está, e para este propósito tão somente abrimos nossas páginas para todo o tipo de colaborador. Portanto, encontra-se nela o ponto de vista de um clérigo cristão que acredita em seu Deus e Cristo, mas rejeita as más interpretações e os dogmas impostos de sua ambiciosa e orgulhosa Igreja, juntamente com as doutrinas do Hilo-Idealismo, que nega Deus, a alma e a imortalidade e acredita em nada mais além de si mesmo. Os mais extremados materialistas encontrarão hospitalidade em nossa revista; sim, e até mesmo os que não têm escrúpulos de encher páginas de comentários zombeteiros e pessoais sobre nós e de insultos às doutrinas da Teosofia que nos são tão caras. Se uma revista do *livre pensamento*, dirigida por um ateu publicar um artigo de um místico ou teósofo em louvor a suas visões ocultas e o mistério de *Parabrahaman*, omitindo dele apenas alguns poucos comentários casuais, então poderemos dizer: *Lucifer* encontrou um rival. Se um órgão periódico ou missionário cristão aceitar um artigo de uma pena de um livre pensador zombando da crença em Adão e sua costela, e omitir a crítica ao Cristianismo – a fé de seu editor – em humilde silêncio, então ele terá se tornado digno de *Lucifer*, e pode ser considerado verdadeiramente ter atingido aquele grau de tolerância em que pode ser colocado no nível de qualquer publicação teosófica.

Mas desde que nenhum destes órgãos faz algo desse tipo, são todos sectários, intolerantes, fanáticos e não fazem a menor ideia da verdade e da justiça. Podem fazer indiretas contra *Lucifer* e suas editoras, não podem afetar nem uma nem outra. De fato, as editoras desta revista têm orgulho de tais críticas e acusações, pois são testemunhas da ausência absoluta de intolerância ou arrogância de qualquer tipo na Teosofia, resultado da beleza divina das doutrinas que ela prega. Pois, como foi dito, a Teosofia permite que todos sejam ouvidos e tenham uma chance justa. Ela não julga nenhuma visão – se sincera – como destituída inteiramente de verdade. Ela respeita homens pensadores, de qualquer classe de pensamento a que possam pertencer. Sempre pronta a opor-se a ideias e pontos de vista que possam criar apenas confusão sem beneficiar a filosofia, ela deixa seus expositores pessoalmente acreditarem no que mais lhes aprouver e faz justiça a suas ideias quando são boas. De fato, as conclusões ou deduções de um escritor filosófico podem ser inteiramente opostas a nossos pontos de vista e aos ensinamentos que expomos, no entanto, suas premissas e afirmações de fatos podem estar corretas e outras pessoas podem beneficiar-se pela filosofia adversa, mesmo que nós próprias a rejeitemos, acreditando possuir algo superior e ainda mais próximo da verdade. Em todo o caso, nossa profissão de fé está agora clara e tudo o que é dito nas páginas precedentes justifica e explica nossa política editorial.

Para resumir a ideia, com relação à verdade absoluta e relativa, podemos apenas repetir o que foi dito antes. *Fora de certo estado mental elevado e altamente espiritual, durante o qual o Homem se une com a* MENTE UNIVERSAL – *ele pode acessar na terra* tão *somente a verdade relativa, ou verdades, de qualquer filosofia ou religião.* Se até mesmo a deusa que habita no fundo do poço saísse de seu local de confinamento, não poderia dar ao homem mais do que ele pode assimilar. Ao mesmo tempo, cada um pode sentar-se próximo a este poço – cujo nome é Conhecimento – e olhar atentamente para suas profundezas na esperança de ver ao menos a justa imagem da Verdade refletida nas águas turvas. Isto, entretanto, como disse Richter, apresenta certo perigo. Alguma verdade, com toda a certeza, pode ocasionalmente ser refletida como em um espelho sobre o lugar para onde olhamos e assim recompensar o paciente estudante. Mas, acrescenta o pensador alemão, "ouvi dizer que alguns filósofos na busca da Verdade, para prestar-lhe suas homenagens, viram seu próprio rosto na água e o adoraram em seu lugar".

É para evitar tal calamidade – que aconteceu a todo fundador de uma religião ou escola filosófica – que as editoras estão conscienciosamente cuidando para não oferecer ao leitor apenas aquelas verdades que encontram refletidas em seus próprios cérebros pessoais. Elas oferecem ao público uma ampla escolha, e recusam-se mostrar o fanatismo e a intolerância, os principais marcos no caminho do Sectarismo. Mas, embora deixando a mais ampla margem possível de comparação, nossos oponentes não podem esperar encontrar seus rostos refletidos sobre as claras águas de *Lucifer*, sem comentários ou críticas justas sobre suas características mais proeminentes, se estiverem em oposição com os pontos de vista teosóficos.

Isto, entretanto, apenas dentro da capa da revista pública e no que diz respeito ao aspecto meramente intelectual das verdades filosóficas. No que concerne às crenças mais profundamente espirituais e poderíamos dizer até religiosas, nenhum verdadeiro teósofo deve degradá-las sujeitando-as a discussões públicas, mas ao contrário, deve guardá-las como um tesouro e ocultá-las fundo dentro do santuário de sua alma mais interna. Tais crenças e doutrinas jamais deveriam ser inadvertidamente ditas, pois correm o risco de inevitável profanação pelo manusear rude da indiferença e da crítica. Nem devem ser incorporadas em qualquer publicação exceto como hipóteses oferecidas à consideração da porção pensante do público. Verdades teosóficas, quando transcendem certo limite de especulação, seria melhor que permanecessem escondidas da vista do público, pois as "provas das coisas não vistas" não são provas salvo para aquele que as veem, ouvem e sentem. Não é para ser retirada para fora do "Santo dos Santos", o templo do *Ego* divino impessoal ou o residente EU. Pois, ao passo que todo fato fora de sua percepção pode, como mostramos, ser, na melhor das hipóteses, apenas uma verdade relativa, um raio da verdade absoluta pode refletir-se apenas no espelho puro de sua própria chama – nossa CONSCIÊNCIA ESPIRITUAL superior. E como pode a escuridão (da ilusão) compreender a LUZ que nela brilha?

Capítulo II

O Que é a Teosofia?

O que é a Teosofia?

Esta pergunta tem sido formulada tantas vezes, e os conceitos errôneos prevalecem tão amplamente, que os editores de uma revista dedicada a uma exposição da Teosofia ao mundo seriam omissos se o primeiro exemplar fosse publicado sem se chegar a um completo entendimento com seus leitores. Mas nosso título envolve duas outras perguntas: o que é a Sociedade Teosófica; e o que são os teósofos? Para cada pergunta uma resposta será dada.

De acordo com os lexicógrafos, o termo *theosophia* é composto de duas palavras gregas – *theos*, "god" e *sophos*, "sabedoria". Até aqui, correto. Mas as explicações a seguir estão longe de dar uma ideia clara do que é Teosofia. O dicionário Webster a define originalmente como "um suposto relacionamento com Deus e espíritos superiores, e a consequente obtenção de conhecimento super-humano, mediante *processos físicos*, assim como pelas operações teúrgicas de alguns antigos platonistas, ou pelos *processos químicos* dos filósofos do fogo alemães".

Esta é uma explicação pobre e superficial para dizer o mínimo. Atribuir estas ideias a homens como Amônio Saccas, Plotino, Jâmblico, Porfírio, Proclo – mostra deturpação intencional ou ignorância do Sr. Webster da filosofia e dos motivos dos maiores gênios da Escola Alexandrina posterior. Atribuir àqueles que seus contemporâneos e a posteridade denominaram "*theodidaktoi*", ensinados por Deus – um propósito para desenvolver suas percepções psicológicas e espirituais por "processos físicos", é descrevê-los como materialistas. Quanto aos ataques conclusivos aos filósofos do fogo, eles ricochetam deles para cair entre os nossos mais eminentes homens modernos da ciência; aqueles em cujas bocas o rev. James Martineau coloca a seguinte vanglória: "matéria é tudo de que precisamos; dê-nos átomos tão somente e explicaremos o Universo".

Vaughan oferece uma definição muito melhor e mais filosófica. "Um teosófo", diz ele, "é alguém que nos oferece uma teoria de Deus ou das obras de Deus, que não tem revelação, mas uma inspiração própria como base". Segundo este ponto de vista, todo grande pensador e filósofo, especialmente todo fundador de uma nova religião, escola de filosofia ou seita, é necessariamente um teosófo. Assim, a Teosofia e os teósofos existem desde que o primeiro lampejo do pensamento nascente fez o homem buscar instintivamente os meios de expressar suas próprias opiniões independentes.

Havia teósofos antes da era cristã, apesar de os autores cristãos atribuírem o desenvolvimento do sistema teosófico eclético ao início do terceiro século de sua era. Diógenes Laércio remonta a Teosofia a uma época anterior à dinastia dos Ptolomeus; e nomeia como seu fundador um hierofante egípcio chamado Pot-Amun, o nome sendo copta e significando um sacerdote consagrado a Amon, o deus da Sabedoria. Mas a história a apresenta revivida por Amônio Saccas, o fundador da Escola Neoplatônica. Ele e seus discípulos se chamavam "*Philaletheians*" – amantes da verdade; enquanto outros os denominavam "Analogistas", por causa de seu método de interpretar todas as lendas sagradas, mitos e mistérios simbólicos, segundo uma regra de analogia ou correspondência, de modo que os acontecimentos ocorridos no mundo externo fossem considerados como operações e experiências expressas da alma humana. Amônio objetivava e tinha o propósito de reconciliar todas as seitas, povos e nações sob uma fé comum – uma crença em um Poder Supremo, Eterno, Desconhecido e Inominado, que governa o Universo por leis imutáveis e eternas. Seu objetivo era provar um sistema primitivo de Teosofia, que no início era essencialmente semelhante em todos os países; para induzir todos os homens a pôr de lado seus conflitos e brigas, e se unirem em propósito e pensamento como filhos de uma mãe comum; purificar as religiões antigas, gradualmente corrompidas e obscurecidas, de todas as impurezas do elemento humano, unindo-as e expondo-as sob princípios puramente filosóficos. Assim, os sistemas budista, vedântico e mágico, ou zoroastriano, eram ensinados na Escola Teosófica Eclética juntamente com todas as filosofias da Grécia. Daí também a característica predominantemente budista e indiana entre os antigos teósofos de Alexandria, a da devida reverência aos pais e pessoas idosas; afeição fraterna por toda a raça humana; e sentimento de compaixão até mesmo pelos animais. Conquanto procure estabelecer um sistema de disciplina moral que imponha às pessoas o dever de viver de acordo com as leis de seus respectivos países; exaltar suas mentes pela pesquisa e contemplação da única Verdade Absoluta; seu objetivo principal, a fim de, como ele acreditava alcançar todos os outros, era extrair dos vários ensinamentos religiosos, como de um instrumento de muitos acordes, uma melodia completa e harmoniosa, que encontrasse resposta em todo coração amante da verdade.

Teosofia é, então, a *Religião-Sabedoria* arcaica, a doutrina esotérica outrora conhecida em todo país antigo com pretensões a ser civilizado. Todos os escritos antigos mostram esta "Sabedoria" como uma emanação do Princípio divino; e a clara compreensão disso é tipificada em nomes como o indiano Buda, o Nebo babilônico, o Thoth de Mênfis, o Hermes da Grécia; nas denominações, também, de algumas deusas – Metis, Neitha, Atena, a Gnóstica *Sophia* e, por fim – os *Vedas*, da palavra "conhecer". Sob essa designação, todos os antigos filósofos do Oriente e do Ocidente, os Hierofantes do antigo Egito, os *Rishis* de Aryavarta, os *Theodidaktoi* (Teodidatas) da Grécia, incluíam todo o conhecimento das coisas ocultas e essencialmente divinas. A *Mercavah* dos rabinos hebreus, a série secular e popular, foi assim designada como apenas o veículo, a casca exterior que continha o conhecimento esotérico superior. Os Magos de Zoroastro recebiam instrução e eram iniciados nas cavernas e nas lojas secretas de Báctria; os hierofantes egípcios e gregos tinham seus *aporrhêta*, ou discursos secretos, durante os quais o *Mystês* se tornava um *Epoptês* – um Vidente.

A ideia central da Teosofia Eclética era a de uma única Essência Suprema, Desconhecida e *Incognoscível* – pois "como se pode conhecer o conhecedor?", como pergunta o *Upanixade Brihadaranyaka*. Seu sistema era caracterizado por três características distintas: a teoria da Essência acima mencionada; a doutrina da alma humana – uma emanação da última, portanto da mesma natureza; e sua teurgia. É esta última ciência que levou os neoplatônicos a ser tão mal interpretados em nossa era de ciência materialista. Sendo a Teurgia essencialmente a arte de aplicar os poderes divinos do homem à subordinação das forças cegas da Natureza, seus devotos foram primeiro chamados de magos – uma corruptela da palavra "*Magh*", significando um homem sábio ou erudito, e – ridicularizados. Os céticos de um século atrás estariam tão errados quanto se zombassem da ideia de um fonógrafo ou de um telégrafo. Os ridicularizados e os "infiéis" de uma geração geralmente se tornam os sábios e santos da próxima.

No que diz respeito à Essência Divina e à natureza da alma e do espírito, a Teosofia moderna acredita agora o mesmo que acreditava a antiga Teosofia. O popular *Diu* das nações arianas era idêntico ao *Iao* dos caldeus, e mesmo ao Júpiter dos menos instruídos e filosóficos entre os romanos; e era idêntico ao *Javé* dos samaritanos, o *Tiú* ou "Tuisto" dos homens do norte, o *Duw* dos bretões e o Zeus dos trácios. Quanto à Essência Absoluta, o Uno e Todo – se aceitamos a filosofia pitagórica grega, a cabalística caldeia ou a filosofia ariana em relação a ela, tudo levará a um e mesmo resultado. A Mônada Primeva do sistema pitagórico, que se retira na escuridão e é ela mesma Escuridão (para o intelecto humano) se tornou a base de todas as coisas; e podemos encontrar a ideia em toda sua integridade nos sistemas filosóficos de Leibnitz e Spinoza. Portanto, se um teósofo concorda com a Cabala que, ao falar de *En-Soph*, propõe a pergunta: "Quem, então, pode compreendê-la, pois é sem forma e inexistente?" – ou, lembrando aquele magnífico hino do *Rig-Veda* (Hino 129, Livro 10) – indaga:

> Quem sabe de onde surgiu esta grande criação?
> Se sua vontade a criou ou era muda.
> Ele sabe – ou talvez *até Ele mesmo não saiba.*

Ou, por outro lado, aceita a concepção Vedanta de *Brahmā*, que nos *Upanixades* é representada como "sem vida, sem mente, pura", *inconsciente*, pois – *Brahmā* é "Consciência Absoluta". Ou, finalmente, em conformidade com os *Svābhāvikas* do Nepal, sustenta que nada existe além de "*Svabhāvat*" (substância ou natureza) que existe *por si mesmo* sem qualquer criador – qualquer uma das concepções acima pode levar tão somente à Teosofia pura e absoluta. Aquela Teosofia que levou homens como Hegel, Fichte e Spinoza a retomarem os trabalhos dos antigos filósofos gregos e especularem sobre a Substância Única – a Divindade, o *Divino Todo* procedente da Divina Sabedoria – incompreensível, desconhecido e *inominado* – por qualquer filosofia religiosa antiga ou moderna, com exceção do Cristianismo e do Maometismo. Todo teósofo, então, que sustenta uma teoria da Deidade "que não tem revelação, mas uma inspiração própria para sua base" pode aceitar qualquer uma das definições acima ou pertencer a qualquer uma dessas religiões, e ainda permanecer estritamente dentro dos limites da Teosofia. Pois esta é a crença na Deidade como o TODO, fonte de toda a existência, o infinito que não pode ser compreendido ou conhecido, o Universo somente revelando-O, ou, como alguns preferem, a ELE, conferindo-lhe assim um sexo, ou seja, o antropomorfizando, o que é *blasfêmia*. É verdade que a Teosofia se retrai da materialização brutal; prefere acreditar que, desde a eternidade, retirado dentro de si, o Espírito da Deidade não deseja nem cria; mas que, da infinita refulgência que emana em todo lugar do Grande Centro, aquilo que produz todas as coisas visíveis e invisíveis é apenas um Raio que contém em si o poder gerador e conceitual que, por sua vez, produz o que os gregos chamavam de *Macrocosmo*, os cabalistas *Tikkun* ou Adam Kadmon – o homem arquetípico, e os arianos *Purusha*, o *Brahmā* manifestado ou Divino Masculino. A Teosofia acredita também na *Anastasis* ou existência continuada, e na transmigração (evolução) ou uma série de mudanças na alma[14] que podem ser defendidas e explicadas mediante estritos princípios filosóficos; e somente fazendo uma distinção entre *Paramātmā* (alma suprema e transcendental) e *Jivātma* (alma animal ou consciente) dos vedantinos.

Para definir completamente a Teosofia, devemos considerá-la sob todos os seus aspectos. O mundo interior não foi escondido de todos pela escuridão impe-

---

[14] Em uma série de artigos intitulados "*The World's Great Theosophists*" (Os Grandes Teósofos do Mundo), pretendemos mostrar que desde Pitágoras, que obteve sua sabedoria na Índia, até os nossos mais conhecidos filósofos modernos e teósofos – David Hume e Shelley, o poeta inglês – os espíritas da França incluídos – muitos acreditavam e ainda acreditam na metempsicose ou reencarnação da alma; por mais que, de maneira imparcial, possa ser considerado pouco elaborado o sistema dos espíritas.

[Tal série de artigos nunca foi escrita por H.P.B., embora parte do material em *The Theosophical Glossary* (Glossário Teosófico), publicado postumamente em 1892, tenha similaridade com o objetivo geral que H.P.B. possa ter tido em mente. – Compilador do *Collect Writings*, Boris de Zirkoff.]

netrável. Mediante essa intuição mais elevada adquirida pela *Teosofia* — ou conhecimento de Deus, que conduz a mente do mundo da forma ao espírito sem forma, o homem tem sido habilitado em todas as épocas e em todos os países a perceber as coisas do mundo interior ou invisível. Daí o *Samādhi*, ou *Dyan Yog Samādhi*, dos ascetas hindus; o *Daïmonion-photi*, ou iluminação espiritual dos neoplatônicos; a "confabulação sideral de almas", dos rosacruzes ou filósofos do fogo; e até o transe extático dos místicos e dos modernos mesmeristas e espíritas são idênticos em natureza, embora variados quanto à manifestação. A busca do "eu" divino do homem, tão frequente e erroneamente interpretada como comunhão individual com um Deus pessoal, era o objetivo de todo místico, e a crença em sua possibilidade parece ter sido coeva com a gênese da humanidade – cada povo dando-lhe outro nome. Assim, Platão e Plotino chamam de "trabalho noético" aquilo que os iogues e os *srotriya* denominam *Vidya*. "Pela reflexão, autoconhecimento e disciplina intelectual, a alma pode ser elevada à visão da verdade eterna, bondade e beleza – isto é, à *Visão de Deus* – e isso é a *epopteia*", diziam os gregos. "Para unir a alma à Alma Universal, se faz necessário apenas uma mente perfeitamente pura. Por meio da autocontemplação, da perfeita castidade e da pureza do corpo, podemos nos aproximar Dela e receber, nesse estado, o verdadeiro conhecimento e a maravilhosa percepção", diz

Porfírio, E o *swami* Dayānund Saraswati, que não leu nem Porfírio nem outros autores gregos, mas que é um profundo erudito védico, diz em seu *Veda-Bhāshya* (*upāsanā prakara ank.* 9) – "Para obter *Diksha* (as iniciações mais elevadas) e *Yog*, é preciso praticar de acordo com as regras. . . A alma pode realizar as maiores maravilhas no corpo humano conhecendo o Espírito Universal (ou Deus) e se familiarizando com as propriedades e qualidades (ocultas) de todas as coisas no Universo. Um ser humano (um *Dikshita* ou Iniciado) pode assim *adquirir um poder de ver e ouvir a grandes distâncias*". Finalmente, Alfred R. Wallace, FRS[15], um espírita e mesmo assim um reconhecido grande naturalista, diz, com brava sinceridade: "É o 'espírito' tão somente que sente, percebe e pensa – que adquire conhecimento, raciocina e aspira . . . não raro surgem indivíduos constituídos de tal forma que o espírito pode perceber independentemente dos órgãos corpóreos dos sentidos, ou pode, talvez, total ou parcialmente, abandonar o corpo por algum tempo e voltar a ele novamente . . . o espírito . . . comunica-se com o espírito mais facilmente do que com a matéria". Podemos ver agora como, após transcorridos milhares de anos entre a era dos gimnosofistas[16] e nossa própria era

---

[15] FRS – Membro da Sociedade Real. (Nota da tradudora)

[16] A realidade dos poderes do *Yoga* foi afirmada por muitos autores gregos e romanos, que chamavam os iogues indianos de gimnosofistas; por Strabo, Lucano, Plutarco, Cícero (Tuscul. Disp.), Plínio (*Nat. Hist.*, VII, ii, 22), etc.

altamente civilizada, não obstante, ou talvez justamente por causa disso, uma tal iluminação derrama sua luz radiante sobre os reinos psicológicos, bem como sobre os reinos físicos da Natureza, sobre vinte milhões de pessoas que hoje acreditam, sob uma forma diferente, naqueles mesmos poderes espirituais em que acreditavam os iogues e pitagóricos, quase 3.000 anos atrás. Assim, enquanto o ariano místico reivindicava para si o poder de resolver todos os problemas da vida e da morte, uma vez que havia obtido o poder de agir independentemente do corpo, através de *Ātman* – "eu" ou "alma"; e os antigos gregos foram em busca de *Ātmu* – o Oculto, ou o Deus-Alma do homem, com o espelho simbólico dos mistérios tesmoforiantes – da mesma forma os espíritas de hoje acreditam na faculdade dos espíritos, ou nas almas das pessoas desencarnadas, para se comunicar visível e tangivelmente com aqueles que eles amavam na terra. E todos esses, iogues arianos, filósofos gregos e espíritas modernos, afirmam essa possibilidade alegando que a alma encarnada e seu espírito nunca incorporado – o *eu* real – não estão separados da Alma Universal ou de outros espíritos pelo espaço, mas meramente pela diferenciação de suas qualidades; uma vez que na imensidão ilimitada do Universo, não pode haver limitação. E que quando essa diferença é removida – de acordo com os gregos e arianos pela contemplação abstrata, produzindo a liberação temporária da Alma aprisionada; e de acordo com os espíritas, através da mediunidade – tal união entre espíritos encarnados e desencarnados torna-se possível. Foi assim que os iogues de Patañjali e, seguindo seus passos, Plotino, Porfírio e outros neoplatônicos, sustentaram que, em suas horas de êxtase, eles haviam se unido, ou melhor, se tornado como um só com Deus, várias vezes durante o curso de suas vidas. Essa ideia, por mais errônea que possa parecer em sua aplicação ao Espírito Universal, era e é reivindicada por muitos grandes filósofos para ser posta de lado como inteiramente quimérica. No caso dos teodidatas, o único ponto controvertido, a mancha escura nessa filosofia do misticismo extremo, era sua pretensão de incluir aquilo que é simplesmente iluminação extática na categoria de percepção sensível. No caso dos iogues, que mantiveram sua capacidade de ver *Iswara* "cara a cara", essa afirmação foi derrubada com sucesso pela lógica rígida de Kapila[17]. Quanto à suposição semelhante feita por seus seguidores gregos, por uma longa série de estáticos cristãos e, finalmente, pelos últimos dois pretendentes a "ver Deus" nestes últimos cem anos – Jacob Böhme e Swedenborg – essa pretensão foi e *deveria* ser questionada filosófica e logicamente, se alguns dos nossos grandes homens da ciência, que são espíritas, tivessem mais interesse na filosofia do que no mero fenomenalismo do Espiritismo.

[17] Kapila - O *Richi* Kapila foi um grande sábio e um grande Adepto da Antiguidade. É o autor da filosofia *Sãnkya*. (Nota Ed. Bras.)

Os teósofos alexandrinos eram divididos em neófitos, iniciados e mestres ou hierofantes; e suas regras foram copiadas dos antigos Mistérios de Orfeu, que, segundo Heródoto, os trouxeram da Índia. Amônio obrigou seus discípulos por juramento a não divulgar suas doutrinas *superiores*, exceto para aqueles que se provassem completamente dignos e iniciados, e que tivessem aprendido a considerar os deuses, os anjos e os demônios de outros povos, de acordo com a *hiponoia* esotérica, ou significado implícito. "Os deuses existem, mas não são o que os *hoi polloi*, a multidão sem educação, supõem que sejam", diz Epicuro. "Não é ateu aquele que nega a existência dos deuses a quem a multidão adora, mas quem imputa a esses deuses as opiniões da multidão". Por sua vez, Aristóteles declara que da "Essência Divina que permeia o mundo inteiro da Natureza, os que são denominados *deuses* são simplesmente os primeiros princípios".[18]

Plotino, o aluno de Amônio, o "ensinado por Deus", nos diz que a *gnose* secreta ou o conhecimento da Teosofia tem três graus – opinião, ciência e *iluminação*. "Os meios ou instrumentos do primeiro é o sentido ou percepção; do segundo, a dialética; do terceiro, a intuição. A razão está subordinada à última; é *conhecimento absoluto*,

[18] [*Vide* Diógenes Laércio, *Vidas*, X, 123, onde a palavra grega *acebês* significa ímpio, irreverente, incrédulo, em vez de "ateu"; e *Metafísica*, de Aristóteles, Livro XII, viii, p. 1074b. – Compilador do *Collect Writings*, Boris de Zirkoff.]

fundado na identificação da mente com o objeto conhecido”. A Teosofia é a ciência exata da psicologia, por assim dizer; está em relação à mediunidade natural e inculta, como o conhecimento de um Tyndall se compara ao de um menino de escola em física. Desenvolve no homem uma contemplação direta; aquilo que Schelling denomina “uma realização da identidade de sujeito e objeto no indivíduo”; de modo que sob a influência e conhecimento da *hiponoia*, o homem concebe pensamentos divinos, vê todas as coisas como elas realmente são e, finalmente, “torna-se receptor da Alma do Mundo”, para usar uma das melhores expressões de Emerson. “Eu, o imperfeito, adoro o meu próprio Perfeito” – diz ele em seu magnífico ensaio sobre *The Over-Soul* (A Superalma). Além desse estado psicológico ou estado de alma, a Teosofia cultivava todos os ramos das ciências e das artes. Estava totalmente familiarizada com o que hoje é comumente conhecido como mesmerismo. A teurgia prática ou “magia cerimonial”, a que tantas vezes recorreu o clero católico romano em seus exorcismos – foi descartada pelos teósofos. Somente Jâmblico que, transcendendo os outros Ecléticos, acrescentou à Teosofia a doutrina da teurgia. Quando ignora o verdadeiro significado dos símbolos divinos esotéricos da Natureza, o homem pode calcular erroneamente os poderes de sua alma e, em vez de se comunicar espiritual e mentalmente com os seres celestiais superiores, os bons espíritos (os deuses dos teurgistas da escola platônica), ele inconscientemente invocará os poderes malignos e sombrios que espreitam ao redor da humanidade – as criações imortais e sombrias dos crimes e vícios humanos – e assim cairão da *teurgia* (magia branca) para a *goëtia* (ou magia negra, feitiçaria). No entanto, nem a magia branca, nem a negra são o que a superstição popular entende pelos termos. A possibilidade de "evocar espíritos" de acordo com a chave de Salomão é o cúmulo da superstição e da ignorância. Somente a pureza das ações e dos pensamentos pode nos elevar a um intercurso "com os deuses" e alcançar para nós o objetivo que desejamos. A alquimia, que muitos acreditavam ter sido uma filosofia espiritual, assim como uma ciência física, pertencia aos ensinamentos da escola teosófica.

É um fato notável que nem Zoroastro, Buda, Orfeu, Pitágoras, Confúcio, Sócrates, nem Amônio Saccas colocaram nada em forma escrita. A razão para isso é óbvia. A Teosofia é uma arma de dois gumes e imprópria para os ignorantes ou egoístas. Como toda filosofia antiga, tem seus devotos entre os modernos; mas, até agora em nossos dias, seus discípulos são poucos em número e das mais variadas seitas e opiniões. "Totalmente especulativos e sem fundar escolas, eles ainda assim exerceram uma influência silenciosa sobre a filosofia; e, sem dúvida, quando o tempo chegar, muitas ideias assim propostas silenciosamente ainda poderão dar novas direções ao pensamento humano" – observa Kenneth R.H. MacKenzie

IX° . . . ele mesmo um místico e um teósofo, em sua grande e valiosa obra, *The Royal Masonic Cyclopaedia* (artigos "A Sociedade Teosófica de Nova Iorque" e "Teosofia", p. 731).[19] Desde os dias dos filósofos do fogo, eles nunca haviam se reunido em sociedades, pois, perseguidos como animais selvagens pelo clero cristão, ser conhecido como um teósofo muitas vezes equivalia, menos de um século atrás, a uma sentença de morte. As estatísticas mostram que, durante um período de 150 anos, nada menos que 90.000 homens e mulheres foram queimados na Europa por alegada feitiçaria. Somente na Grã-Bretanha, de 1640 a 1660, apenas 20 anos, 3.000 pessoas foram mortas por pacto com o "Diabo". Foi apenas no final do século atual – em 1875 – que alguns místicos e espíritas progressistas, insatisfeitos com as teorias e explicações do Espiritismo, provenientes de seus devotos, e descobrindo que estavam longe de cobrir todo o espectro da ampla gama de fenômenos, formaram em Nova Iorque, nos Estados Unidos da América, uma associação que hoje é amplamente conhecida como Sociedade Teosófica. E agora, tendo explicado o que é Teosofia, explicaremos, em um artigo separado, qual é a natureza de nossa sociedade, que também é chamada de "Fraternidade Universal da Humanidade".

[19] *The Royal Masonic Cyclopaedia of History, Rites, Symbolism and Biography* (Enciclopédia Real Maçônica de História, Ritos, Simbolismo e Biografia), editada por Kenneth R. H. MacKenzie IX° (Criptônimo), Membro Honorário da Loja Canongate Kilwinning, nº 2, Escócia. Nova Iorque, J. W. Bouton, 706 Broadway, 1877.

Capa Original do *The Theosophist*

Entrada Para Crow's Nest, Brew Candy, Bombaim

Os fundadores da Sociedade Teosófica se mudaram para esta residência no final de 1880.

Capítulo III

O Que são os Teósofos?

O Que são os Teósofos?[20]

São eles o que dizem ser – estudantes das leis naturais, de filosofia antiga e moderna, e até de ciência exata? São eles deístas, ateus, socialistas, materialistas ou idealistas? Ou são apenas um cisma do Espiritismo moderno – meros visionários? Têm eles direito a qualquer consideração, como capazes de discutir filosofia e promover a verdadeira Ciência; ou deveriam ser tratados com a tolerância compassiva que se dá aos "entusiastas inofensivos"? A Sociedade Teosófica tem sido alternativamente acusada de acreditar em "milagres" e de "fazer milagres"; com um objetivo político secreto – como os carbonários; de ser espiões de um *czar* autocrático; de pregar doutrinas socialistas e niilistas; e, *mirabile dictu*, de ter um acordo velado com os jesuítas franceses para perturbar o Espiritismo moderno por um interesse pecuniário! Com igual violência, foram denunciados como sonhadores pelos positivistas americanos; como adoradores de fetiche, por alguns da imprensa de Nova Iorque; como revivalistas de "superstições mofadas" pelos espíritas; como emissários infiéis de Satanás, pela Igreja Cristã; como os próprios protótipos dos "*gobe-mouche*",

[20] *Escritos Compilados de Blavatsky*, Volume II, p. 98. *The Theosophist*, Vol. I, nº 1, outubro de 1879, pp. 5-7.

pelo professor W. B. Carpenter, F.R.S.[21]; e finalmente, e da maneira mais absurda, alguns oponentes hindus, com vistas a diminuir sua influência, acusaram-nos categoricamente de usar *demônios* para realizar certos fenômenos. De todas estas opiniões confusas, um fato se sobressai – a Sociedade, seus membros e seus pontos de vista são considerados suficientemente importantes para serem discutidos e denunciados: *os homens difamam somente aqueles que odeiam – ou temem.*

Mas, se a Sociedade tem tido inimigos e difamadores, também tem amigos e defensores. Para cada palavra de censura houve sempre uma palavra de louvor. Iniciando com um grupo de cerca de uma dúzia de homens e mulheres sinceros, um mês depois seus números haviam aumentado tanto a ponto de exigir o aluguel de um salão público para suas reuniões; dentro de dois anos tinha filiais em países europeus. Mais tarde, formou uma aliança com a indiana Arya Samaj, liderada pelo erudito *pāndita swāmi* Dayānund Saraswati, e os budistas do Ceilão, por intermédio do erudito H. Sumangala, Sumo Sacerdote do Adam's Peak (Pico de Adão) e Presidente do Colégio Widyodaya, de Colombo.

Aquele que quiser tentar compreender seriamente as ciências psicológicas, deve vir à terra sagrada da antiga Aryavarta. Nenhuma é mais antiga do que ela em sabe-

[21] Membro da Sociedade Real. (Nota da tradutora)

doria e civilização esotéricas, por mais decaída que possa ser sua pobre sombra – a Índia moderna. Considerando este país, como o fazemos, o ambiente frutífero de onde procederam todos os sistemas filosóficos subsequentes, fonte de toda psicologia e filosofia, uma parte de nossa Sociedade veio para aprender sua antiga sabedoria e pedir a transmissão de seus estranhos segredos . . . A filologia progrediu demais para exigir, nestes últimos tempos, a demonstração da primogenitura nacional de *Āryāvarta*, que é um fato. A hipótese não comprovada e preconceituosa da cronologia moderna não é digna de um só pensamento momentâneo, e desaparecerá no tempo como tantas outras hipóteses não comprovadas. A linha de hereditariedade filosófica, de Kapila, passando por Epicuro, até James Mill; de Patañjali, passando por Plotino, até Jacob Böhme, pode ser traçada como o curso de um rio através de uma paisagem. Um dos objetivos da organização da Sociedade era examinar as visões por demais transcendentais dos espíritas em relação aos poderes dos espíritos desencarnados; e, tendo dito a eles o que, em nossa opinião, pelo menos, uma parte de seus fenômenos *não são*, caberá a nós agora mostrar o que são. É algo tão evidente que é no Oriente e, sobretudo na Índia, que a chave para os supostos fenômenos "sobrenaturais" dos espíritas deve ser buscada, que isto foi recentemente reconhecido no *Pioneer* de Allahabad (11 de agosto de 1879), um jornal diário anglo-indiano que não tem a reputação de afirmar o que não acredita. Culpando os homens da ciência que "com base em descobertas no campo físico, por algumas gerações, inclinam-se a negligenciar a investigação suprafísica", menciona "a nova onda da dúvida" (Espiritismo) que "ultimamente tem perturbado essa convicção". Para um elevado número de pessoas, incluindo muitas de grande cultura e inteligência, acrescenta, "o sobrenatural voltou a afirmar-se como um assunto adequado para a investigação e a pesquisa. E há hipóteses plausíveis em favor da ideia de que entre os 'sábios' do Oriente . . . pode ser encontrado em um mais alto grau do que entre os habitantes mais modernos vestígios ocidentais daquelas peculiaridades pessoais, quaisquer que sejam, necessárias como condição precedente à ocorrência de fenômenos sobrenaturais". E então, inconscientes de que a causa que ele advoga é um dos principais objetivos e metas da nossa sociedade, o autor do editorial observa que é "a única direção em que, parece-nos, os esforços dos teósofos na Índia poderiam possivelmente ser úteis. Os principais membros da Sociedade Teosófica na Índia são conhecidos por já serem estudantes muito avançados dos fenômenos ocultos, e nós não podemos deixar de esperar que suas declarações de interesse na filosofia oriental . . . possam cobrir uma intenção não expressa de realizar explorações do tipo que indicamos".

Conquanto, como observado, seja um de nossos objetivos, ainda que apenas um dentre muitos; o mais importante é reviver a obra de Amônio Saccas e fazer várias nações lembrarem que são filhas "de uma mãe". Quanto ao lado transcendental da antiga Teosofia, também é mais que tempo que a Sociedade Teosófica o explique. Em que medida, então, a Sociedade concorda com esta ciência que busca a Natureza e a Deus, a antiga mística ariana e grega e os poderes da mediunidade espiritual moderna? Nossa resposta é: – em tudo. Mas se perguntada em que acredita, a resposta será: – "*como um corpo* – nada". A Sociedade, como um corpo, não tem credo, uma vez que os credos são apenas conchas em torno do conhecimento espiritual; e Teosofia em sua fruição é o próprio conhecimento espiritual – a própria essência da investigação filosófica e teísta. Representante visível da Teosofia Universal, ela não pode ser mais sectária do que uma Sociedade Geográfica, que representa a exploração geográfica universal sem se importar se os exploradores se alinham a um credo ou outro. A religião da Sociedade é uma equação algébrica, na qual, desde que o sinal de igualdade (=) não seja omitido, cada membro pode substituir suas próprias quantidades, de acordo com as exigências climáticas e outras exigências de sua terra natal, com as idiossincrasias do seu povo, ou mesmo de suas próprias. Não tendo nenhum credo aceito, nossa Sociedade está muito pronta para dar e receber, para aprender e ensinar, por experimentação prática, em oposição à mera aceitação passiva e crédula do dogma imposto. Está disposta a aceitar todos os resultados reivindicados por quaisquer das escolas ou sistemas anteriores, que possam ser demonstrados lógica e experimentalmente. Por outro lado, nada pode ser feito com mera fé, não importa por quem a demanda seja feita.

Porém, quando nos consideramos individualmente, é outra coisa. Os membros da Sociedade representam as mais variadas nacionalidades e raças, e nasceram e foram educados nos mais diferentes credos e condições sociais. Alguns deles acreditam em uma coisa, outros em outra. Alguns se inclinam para a *magia* antiga, ou para a sabedoria secreta que era ensinada nos santuários, que era exatamente o oposto do sobrenaturalismo ou do diabolismo; outros no Espiritismo moderno, ou intercurso com os espíritos dos mortos; ainda outros no mesmerismo ou magnetismo animal, ou apenas em uma força dinâmica oculta na Natureza. Um certo número ainda não adquiriu nenhuma crença definida, mas está em estado de expectativa atenta; e há mesmo aqueles que se chamam de materialistas, em certo sentido. Quanto a ateus e sectários fanáticos de qualquer religião, não há nenhum na Sociedade; pois o próprio fato de um homem se filiar prova que ele está em busca da verdade final quanto à essência última das coisas. Se existe tal coisa como um ateísta especulativo, que os filósofos podem negar, ele teria que rejeitar tanto a causa como o efeito, seja neste mundo da matéria, ou no do espírito. Pode haver membros que, como o poeta Shelley, deixaram sua imaginação voar da causa para a causa primeira *ad infinitum*, dado que cada um por sua vez se transformou logicamente em um resultado que necessita de uma causa anterior, até que tenham diluído o Eterno em uma mera névoa. Mas nem mesmo eles são ateus no sentido especulativo, quer identifiquem as forças materiais do Universo com as funções com as quais os teístas dotam seu Deus, ou de outra forma; pois uma vez que eles não podem libertar-se da concepção do ideal abstrato de poder, causa, necessidade e efeito, eles podem ser considerados ateus apenas em relação a um Deus pessoal, e não à Alma Universal do panteísta. Por outro lado, o preconceituoso sectário, cercado, como ele é, de um credo sobre o qual está escrito o aviso "Sem Passagem", não pode nem sair do seu recinto para se juntar à Sociedade Teosófica, nem, se pudesse, tem ela espaço para alguém cuja religião proíbe a indagação. A ideia raiz da Sociedade é a investigação livre e destemida.

Como um corpo, a Sociedade Teosófica sustenta que todos os pensadores originais e investigadores do lado oculto da Natureza sejam eles materialistas – aqueles que acham que importa "a promessa e a potência de toda a vida terrestre", ou espiritualistas – isto é, aqueles que descobrem no espírito a fonte de toda a energia e também da matéria foram e são, propriamente, teósofos. Para ser um teósofo, não é preciso reconhecer necessariamente a existência de um Deus especial ou de uma divindade. É preciso apenas adorar o espírito da Natureza viva e tentar identificar-se com ele. Reverenciar essa *Presença*, a Causa invisível, que ainda está se manifestando em seus resultados incessantes; o Proteu intangível, onipotente e onipresente: indivisível em sua essência, e forma ilusiva, ainda que aparecendo sob toda e qualquer forma; quem está aqui e ali, e em toda parte e em nenhum lugar; é TUDO e NADA; onipresente e ainda uno; a Essência que preenche, liga, delimita, contém tudo; contida em tudo. Será visto agora, acreditamos, que se classificados como teístas, panteístas ou ateus, tais homens são parentes próximos dos demais. Seja o que for, uma vez que um estudante abandone a velha e batida estrada da rotina, e entre no caminho solitário do pensamento independente – em direção a Deus – ele é um teósofo; um pensador original, um buscador da verdade eterna com "uma inspiração própria" para resolver os problemas universais.

A Teosofia é uma aliada de todo homem que busca seriamente a seu próprio modo um conhecimento do Princípio Divino, das relações do homem com ele e de suas manifestações na Natureza. É também uma aliada da ciência honesta, distinta de muita coisa que passa pela ciência física *exata*, desde que esta não explore os domínios da psicologia e da metafísica.

E é também uma aliada de toda religião honesta – a saber: uma religião que deseja ser julgada pelos mesmos testes que ela aplica às outras. Para ela, os livros que contêm as verdades mais evidentes são inspirados (não revelados). Mas considera todos os livros, por causa do elemento humano contido neles, inferiores ao Livro da Natureza; para lê-lo e compreendê-lo corretamente, os poderes inatos da alma devem ser altamente desenvolvidos. As leis ideais podem ser percebidas apenas pela faculdade intuitiva; elas estão além do domínio do argumento e da dialética, e ninguém pode entendê-las ou apreciá-las corretamente por meio das explicações de outra mente, mesmo que essa mente seja alegadamente uma revelação direta. E, como esta Sociedade, que permite a mais ampla varredura nos reinos do ideal puro, não é menos firme na esfera dos fatos, sua deferência à ciência moderna e seus justos representantes é sincera. Apesar de toda a falta de uma intuição espiritual mais elevada de sua parte, a dívida do mundo para com os representantes da moderna ciência física é imensa; portanto, a Sociedade endossa vigorosamente o nobre e indignado protesto daquele pregador talentoso e eloquente, o rev. O. B. Frothingham, contra aqueles que tentam subestimar os serviços de nossos grandes naturalistas. "Falar da ciência como sendo irreligiosa, ateísta", ele exclamou em uma palestra recente, proferida em Nova Iorque, "a ciência está criando uma nova ideia de Deus. É devido à ciência que temos alguma concepção de um Deus *vivo*. Se não nos tornarmos ateus um dia desses sob o efeito enlouquecedor do protestantismo, será por causa da ciência, que está nos tirando as ilusões hediondas que nos atormentam e constrangem, e nos colocando no caminho de saber raciocinar sobre as coisas que vemos . . .".

E também é graças aos trabalhos ininterruptos de orientalistas como Sir W. Jones, Max Müller, Burnouf, Colebrooke, Haug, Saint-Hilaire, e tantos outros, que a Sociedade, como um corpo, sente igual respeito e veneração pelas religiões védica, budista, zoroastriana e outras religiões antigas do mundo; e igualmente um sentimento fraternal para com seus membros hindus, cingaleses, parses, jainistas, hebreus e cristãos como estudantes individuais do "eu", da Natureza e do divino na Natureza.

Nascida nos Estados Unidos da América, a Sociedade foi constituída segundo o modelo de sua pátria. Esta ao omitir o nome de Deus de sua Constituição, a fim de que, um dia, não sirva de pretexto para se fazer uma religião estatal, concede igualdade absoluta a todas as religiões em suas leis. Todos apoiam e cada um é, por sua vez, protegido pelo Estado. A Sociedade, modelada nesta Constituição, pode ser justamente denominada uma "República da Consciência".

Acreditamos ter deixado claro porque nossos membros, como indivíduos, são livres para pertencerem ou não a qualquer credo que lhes agrade, contanto que não finjam que ninguém além de si mesmos goza do privilégio da consciência e não tentem forçar suas opiniões sobre os outros. A este respeito, as Regras da Sociedade são muito rigorosas. Ela tenta agir de acordo com a sabedoria do antigo axioma budista: "Honre a sua própria fé e não difame a dos outros"; o qual ressoa em nosso século atual na "Declaração de Princípios" da Brahmo Samaj[22], que tão nobremente afirma que: "nenhuma seita será vilificada, ridicularizada ou odiada". Na Seção VI das Regras Revisadas da Sociedade Teosófica, recentemente adotadas pelo Conselho Geral, em Bombaim, encontra-se esta instrução: "Não é lícito a qualquer representante da Sociedade Matriz expressar, por palavras ou atos, qualquer hostilidade ou preferência por qualquer seção (divisão sectária ou grupo dentro da Sociedade) mais do que a outra. Todas devem ser consideradas e tratadas igualmente como objetos da solicitude e dos esforços da Sociedade. Todas têm o mesmo direito de apresentar as características essenciais de sua crença religiosa perante o tribunal de um mundo imparcial". Em sua capacidade individual, os membros podem, quando atacados, ocasionalmente infringir esta Regra, mas, no entanto, como representantes devem se conter, e a Regra é rigorosa-

[22] O Brahmo Samaj (tradução literal: Sociedade de Deus) é um movimento religioso teísta fundado em 1828 em Calcutá por *Rām* Mohan Roy. (Nota Ed. Bras.)

mente aplicada durante as reuniões. Pois, acima de todas as seitas humanas está a Teosofia em seu sentido abstrato; a Teosofia que é muito ampla para qualquer uma delas conter, porém que com facilidade contém todas elas.

Em conclusão, podemos afirmar que, mais ampla e universal em seus pontos de vista do que qualquer Sociedade Científica existente, a Teosofia tem, além da ciência, sua crença em todas as possibilidades e uma vontade determinada de penetrar naquelas regiões espirituais desconhecidas em que a ciência exata finge que seus partidários nada tem a explorar. E tem uma qualidade a mais que qualquer religião, na medida em que não faz diferença entre gentios, judeus ou cristãos. É neste espírito que a Sociedade foi estabelecida sob o fundamento de uma Fraternidade Universal.

Indiferente à política; hostil aos sonhos insanos do socialismo e do comunismo, que ela abomina – pois ambos são apenas conspirações disfarçadas de força brutal e indolência contra o trabalho honesto; a Sociedade se preocupa pouco com a administração humana exterior do mundo material. A totalidade de suas aspirações está voltada para as verdades ocultas dos mundos visível e invisível. Se o homem físico está sob o domínio de um império ou de uma república, diz respeito apenas ao homem da matéria. Seu corpo pode ser escravizado; quanto à sua alma, ele tem o direito de dar aos seus governantes a orgulhosa resposta de Sócrates aos seus juízes. Eles não têm influência sobre o homem *interior*.

Tal é, então, a Sociedade Teosófica, e estes são seus princípios, suas múltiplas metas e seus objetivos. Será que precisamos nos perguntar sobre as concepções passadas errôneas do público em geral e com a facilidade com que o inimigo consegue rebaixá-la diante da estima pública? O verdadeiro estudante sempre foi um recluso, um homem de silêncio e meditação. Seus hábitos e gostos têm tão pouco em comum com o mundo atribulado, que, enquanto estuda, seus inimigos e caluniadores têm oportunidades imperturbáveis. Mas o tempo cura tudo e mentiras são efêmeras. Somente a verdade é eterna.

Sobre alguns dos Membros da Sociedade que fizeram grandes descobertas científicas, e alguns outros a quem o psicólogo e o biólogo estão em dívida pela nova luz jogada sobre os problemas mais obscuros do homem interior, falaremos mais tarde. Nosso objetivo agora era apenas provar ao leitor que a Teosofia não é nem "uma doutrina ultramoderna", uma cabala política, nem uma daquelas sociedades de entusiastas que nascem hoje só para morrerem amanhã. Que nem todos os seus membros pensem da mesma forma, está comprovado pela Sociedade ao se organizar em duas grandes divisões – a Oriental e a Ocidental – sendo a última dividida em várias seções, de acordo com raças e visões religiosas. O pensamento de um homem, infinitamente variadas como são suas manifestações, não é todo abarcante. Negada a onipresença, deve necessariamente especular apenas em uma direção; e uma vez transcendendo as fronteiras do conhecimento humano exato, ele tem que errar e vagar, pois as ramificações da Verdade Central e Absoluta são infinitas. Assim, ocasionalmente encontramos até os maiores filósofos perdendo-se nos labirintos das especulações, provocando assim a crítica da posteridade. Mas como todos trabalham por um mesmo objetivo, a saber, o desatrelamento do pensamento humano, a eliminação das superstições e a descoberta da verdade, todos são igualmente bem-vindos. A obtenção desses objetivos, todos concordam, pode ser melhor garantida convencendo a razão e aquecendo o entusiasmo das novas gerações de mentes jovens, que estão apenas amadurecendo, e se preparando para tomar o lugar de seus pais preconceituosos e conservadores. E, como cada um – tanto os grandes quanto os pequenos – percorreu o caminho real para o conhecimento, ouvimos a todos e aceitamos pequenos e grandes como associados. Pois nenhum pesquisador honesto volta de mãos vazias, e mesmo aquele que desfrutou da menor parcela do favor popular pode pelo menos colocar seu bocado no único altar da Verdade.

Capítulo IV

A Verdade e o Teósofo

A Verdade e o Teósofo

Nesta terra em que habitamos, pode cada um alcançar, dum modo relativo, o sol da verdade e assimilar-lhe os raios cálidos e diretos, a despeito da alteração que sofrem, ao atravessar as partículas físicas do espaço.

Há dois métodos para se conseguir esse resultado.

No Plano Físico, podemos empregar o nosso polarizador, analisando cada raio e escolhendo o mais puro. Para alcançar o sol da verdade no plano espiritual, cumpre trabalhar dum modo absolutamente positivo, real. Sabemos que, paralisando os sentidos de nossa personalidade inferior – voz da nossa alma puramente fisiológica, que depende e seu veículo – o cérebro físico – o homem animal, que reside em nós, pode ceder o lugar ao homem espiritual. Nesse caso, uma vez postos em atividade, os sentidos e percepções espirituais experimentam um desenvolvimento simultâneo. Esta é a prática atual dos grandes adeptos, os iogues do Oriente.

O homem, antes que possa estar na posse duma verdade absoluta, precisa conhecer-se a si mesmo, conseguindo as percepções internas, que jamais enganam.

A verdade absoluta é o símbolo da eternidade e, assim como a mente finita é incapaz de compreender o eterno, do mesmo modo nenhuma verdade perfeita poderia desenvolver-se nessa mente física.

Não deixará de haver quem nos diga: "Dado que a compreensão da verdade absoluta é coisa tão difícil, demo-nos por satisfeitos com as verdades relativas". Por certo, inúmeras pessoas assim se exprimem. Mas até mesmo para se aproximar da verdade eterna, o que se precisa antes de tudo é do amor da verdade pela verdade, pois sem este requisito não é possível chegar a conhecimento algum. Seja-nos permitido, porém, insistir uma vez mais: "Quem é que ama a verdade desse modo, no período histórico que atravessamos? Quem é, de nós, que está disposto a procurá-la, para aceitá-la e segui-la, num meio social onde tudo quanto é qualificado de êxito repousa sob aparências e não sob a realidade, em convencionalismos e não sob o valor intrínseco? Não desconhecemos, é certo, os obstáculos que lhe interceptam o caminho. A verdade divina só pode baixar sobre uma alma imparcial, livre de prejuízos – o que raríssimas vezes ocorre em nossos países civilizados. No século do vapor e da eletricidade, o nosso século, vive o homem com tão vertiginosa rapidez, que mal lhe sobra tempo para refletir, indo do berço ao túmulo amarrado ao leito de tortura, formado pelas conveniências e pelos costumes sociais. O "convencionalismo" outra coisa não é senão a simulação dos sentimentos e, por conseguinte, anda longe da verdade. Bem dizia Lord Byron que a verdade se encontra numa grande profundidade, enquanto que à superfície tudo se pesa na falsa balança dos costumes.

Os que vivem no meio de "convencionalismos" sabem perfeitamente que, a despeito de seus melhores desejos, não se atreveriam a proclamar a verdade, temerosos desse fero Moloch denominado "Sociedade".

Nós, membros da Sociedade Teosófica, devemos nos submeter estritamente à nossa divisa: "Não há religião superior à verdade". É nosso dever não reconhecer como verdadeiro aquilo que, na prática, facilmente se revela falso, muito embora admitamos em nossas fileiras os adeptos de todas as crenças. A Teosofia é a Sabedoria Divina e a sabedoria é a verdade. Cada fato verdadeiro, cada palavra sincera constituem uma parte da Teosofia. Aquele que conhece a alquimia divina, do mesmo modo que aquele que possui apenas uma percepção aproximada da verdade reconhecerá tão facilmente a verdade nos elementos errôneos, como nos corretos. Não importa que a quantidade de ouro extraída dum conjunto de materiais inúteis seja pequena; não será por isso menos preciosa. É muitas vezes inútil saber o que uma coisa não é, como saber o que ela é, na realidade. Como toda filosofia e toda religião, por incompletas e ridículas que sejam na aparência, repousam sob um fundo de verdade, comparemo-las, analisando-as, e discutamos os ensinamentos que contêm. Sempre teremos de escolher entre os deuses que se acham do outro lado desse dilúvio que submergiu as faculdades do pensamento e o divino saber, e os deuses dos costumes e mentiras sociais; e certamente a filosofia, que tende a diminuir os sofrimentos humanos, em vez de aumentá-los, é sem confronto a melhor.

Fora de certa condição elevada e espiritual da alma, por meio da qual o homem se unifica com a alma universal, não se podem obter, neste mundo, senão verdades relativas, independente de qualquer que seja a religião ou filosofia que se abrace. E ainda que a deusa que está no fundo do poço saísse da prisão, nem assim poderia dar ao homem mais do que este fosse capaz de assimilar. Entrementes, vamos ficando junto à borda do poço – a sabedoria – e procuremos perscrutar profundamente seu conteúdo; e que, na escuridão de suas águas, se desenhe o pálido reflexo da imagem divina, por excelência, a verdade. Sem dúvida, o observador paciente poderá perceber de pouco a pouco o vago contorno dessa figura. Bom será, porém, que prevenido esteja, pois o filósofo descobrirá apenas o reflexo de sua própria mente.

Para evitar desgraça tamanha, cuidemos de não promulgar como verdade aqueles reflexos que se originam tão-somente em nossos próprios cérebros. Queremos ser generosos para a verdade, e nos opomos à afetação e à intolerância, que redundam no mesquinho espírito de seita. Contudo, por mais que deixemos aos nossos adversários a máxima latitude, não podem eles ter esperança de que o reflexo de sua imagem se desenhe nas cristalinas águas da Teosofia.

No que se refere às espirituais e profundas convicções do verdadeiro teósofo, opinamos que não devem ser submetidas à controvérsia pública; conserve cada um esse tesouro profundamente oculto nas dobras recônditas de sua alma, porque tais convicções e crenças não carecem de ser divulgadas, muito menos de serem profanadas às mãos grosseiras dum público indiferente ou exclusivamente crítico. Certas verdades teosóficas excedem os limites da especulação e devem, por conseguinte, permanecer ocultas à vida do público, porque a evidência de coisas que não são vistas, nem ouvidas, nem percebidas – só existe para os que podem vê-las, ouvi-las e senti-las.

Um raio da verdade absoluta só poderá refletir-se num espelho puro, formado da sua própria chama, e esta chama constitui em nós mesmos a nossa consciência mais elevada.

"A luz brilha nas trevas, não obstante as trevas da ilusão não a compreenderem".

Capítulo V

O Farol do Desconhecido

O Farol do Desconhecido [23]

I

É dito num velho livro sobre estudos ocultistas:

Gupta-Vidyā (Ciência Secreta) é um mar atraente, tempestuoso e cheio de rochedos. O navegador que nele se arrisca, se não for sensato e rico de experiência adquirida[24], será tragado pelas águas e trucidado nos muitos recifes submarinos. Grandes ondas, cor de safira, rubi e esmeralda, cheias de beleza e mistério a engolfá-los, sempre prontas a extraviar os marinheiros até outros numerosos faróis que cintilam em todas as direções. São estes faróis falsas luzes, fogos-fátuos acendidos pelos filhos de *Kāliya*[25], com vista a destruir aqueles que têm sede de vida. Afortunados são os que ficam cegos ante essas luzes enganadoras, e ainda mais felizes os que não desviam nunca os olhos do único Farol verdadeiro, cuja

[23] O texto que se segue foi publicado pela primeira vez em *La Révue Théosophique*, Paris, Vol. I, Nºs. 3,4,5,6; 21 de maio de 1889, p. 1-9; 21 de junho de 1889, p. 1-7; 21 de julho, 1889, p. 1-6; 21 de agosto de 1889, p. 1-9; e está reproduzido em *Collected Writings*, Volume XI, H. P. Blavatsky, The Theosophical Publishing House, Wheaton, 1973, 632 páginas, ver p. 212-247 (Francês) e 248-283 (Inglês).

[24] Adquirida sob a orientação de um guru ou mestre.

[25] *Kāliya* (sânscrito) – a grande serpente conquistada por Krishna e conduzida do rio de Yamunā tomou por esposa um tipo de sereia, com a qual teve uma numerosa prole.

chama eterna arde solitária nas profundidades das águas da Ciência Sagrada. São muitos os peregrinos que aí aspiram mergulhar; porém, bem raros os nadadores vigorosos que logram alcançar o Farol. Quem ali chega deve ter cessado de ser um número, convertendo-se em *todos os números*. Deve ter-se esquecido da ilusão da separatividade, para unicamente se entregar à verdade da individualidade coletiva. É preciso ver com os ouvidos e ouvir com os olhos[26], entender a linguagem do Arco-Íris, e ter concentrado os seus *seis* sentidos no sétimo sentido.[27]

O "Farol" da Verdade é a Natureza sem o véu da ilusão dos sentidos. Ele só pode ser alcançado quando o Adepto se torna senhor absoluto do seu próprio eu, podendo controlar todos os seus sentidos, físicos e psíquicos, com a ajuda do seu "sétimo sentido", graças ao qual ele é assim dotado com a verdadeira sabedoria dos deuses – *Theo-Sophia.*

---

[26] Uma expressão védica. Os sentidos, inclusive os dois sentidos místicos, são sete no Ocultismo; mas um Iniciado não separa estes sentidos dos outros mais do que ele separa sua unidade da humanidade. Cada um dos sentidos contém todos os outros.

[27] Simbologia das cores. A linguagem do prisma, na qual as "sete cores mães" têm cada uma delas sete filhos, ou seja, 49 sombras ou "filhos". Entre os sete, há muitas letras ou caracteres alfabéticos. A linguagem das cores tem, portanto, 56 letras para o Iniciado (não confundir com o Adepto; ver meu artigo "Um Sinal de Perigo"). Dessas letras, cada setenário é absorvido pelas cores-mães, como cada uma das cores mães é finalmente absorvida no raio branco, a Unidade divina simbolizada por estas cores.

Escusado será dizer que os profanos – os não iniciados, *aqueles que estão fora do templo*, ou *profanos* – consideram os "faróis" e o "Farol", acima citados, em sentido inverso. Para eles, é o Farol da verdade Oculta que representa o *ignus factuus*, o grande fogo-fátuo da ilusão e da loucura humanas, e consideram todos os outros como recifes benéficos, os quais detêm, a tempo, os exaltados, sobre o mar da loucura e da superstição.

Nossos amáveis críticos nos dizem: "Não é o suficiente que o mundo tenha chegado, por via dos *ismos*, a essa coisa do *teosofismo* – que nada mais é do que uma *mistificação transcendental* –, sem que ainda nos presenteie com a magia requentada da Idade Média, com os seus grandes *sabats* e a sua histeria crônica?".

Um momento, meus senhores! Sabeis ao menos, ao falar assim, o que é a *verdadeira* magia, ou as ciências ocultas? Deixastes que nas escolas vos inculcassem as convicções de "feitiçarias diabólicas" de Simão o Mago e do seu discípulo Menandro, segundo o bom Padre Ireneu, o muito zeloso Teodoreto e o autor desconhecido do *Philosophumena*. Deixastes que vos fosse dito, de um lado, que esta magia provinha do diabo; do outro, que ela não é senão o produto da impostura e da fraude. Pois bem... Mas, que sabeis vós da verdadeira natureza do sistema praticado por Apolônio de Tiana, por Jâmblico, e outros *magos?* E o que pensais da identidade da teurgia de Jâmblico com a "magia" de Simão e de Menandro? O seu verdadeiro caráter é somente em parte desvelado pelo autor do livro *De mysteriis*[28]. No entanto, as suas explicações foram suficientes para converter Porfírio, Plotino e outros, os quais, de inimigos que eram da *teoria esotérica*, se tornaram os seus mais fervorosos aderentes. A razão é extremamente simples. A verdadeira Magia, na teurgia de Jâmblico, é por sua vez idêntica à Gnose de Pitágoras, a *Ciência das coisas que são*, e ao êxtase divino dos *Filaleteanos*, "os amantes da Verdade". Mas há que julgar a árvore pelos seus frutos. Quem eram esses que testemunharam o caráter divino e a realidade desse êxtase, que na Índia se chama *Samādhi*[29]? São uma *longa* plêiade de homens, que, se houvessem sido cristãos, teriam sido canonizados; não por decisão da Igreja, com suas parcialidades e predileções, senão pelas nações inteiras, e pela voz do povo, que raramente se engana nos seus juízos. Entre eles, por exemplo, encontramos Amônio Saccas, cognominado *theodidaktos*, o "inspirador de Deus"; o grande mestre cuja vida foi tão casta e tão pura que Plotino, seu discípulo, perdeu para sempre a esperança de voltar a encontrar algum mortal que se lhe comparasse. Foi este

---

[28] De Jâmblico, que usava o nome do seu mestre, o sacerdote egípcio Abammon, como pseudônimo.

[29] *Samādhi* é um estado de contemplação abstrata, definido em termos sânscritos, cada qual requer uma frase completa para explicá-lo. É um estado mental, ou melhor, estado espiritual, o qual não depende de nenhum objeto perceptível, e durante o qual, o sujeito vive na Divindade, absorto na região do espírito puro.

mesmo Plotino – o qual era para Amônio o que Platão foi para Sócrates – um discípulo digno das virtudes do seu ilustre mestre. Foi, entretanto, Porfírio, o pupilo de Plotino[30], o autor da biografia de Pitágoras. Sob a égide desta gnose divina, cuja influência benéfica irradiou até aos nossos dias, despontaram todos os celebrados místicos dos últimos séculos, como Jacob Böhme, Emmanuel Swedenborg, e tantos outros. Madame Guyon é a *contraparte* feminina de Jâmblico. Os quietistas cristãos, os sufis muçulmanos, os rosacrucianos de todas as nações, saciaram a sua sede nas águas dessa fonte inexaurível – a Teosofia dos neoplatônicos dos primeiros séculos da era cristã. A gnose precedeu essa era, pois foi a extensão direta da *Gupta-Vidyā* e de *Brahma-Vidyā* ("Sabedoria secreta" ou "Sabedoria de *Brahman*") da antiga Índia, transmitida através do Egito: como a teurgia dos Filaleteanos foi uma continuação dos Mistérios Egípcios. Em todos os casos, o ponto de partida desta magia *diabólica* é a Divindade suprema; o seu termo e objetivo final, a união da centelha divina que anima todo os ser humano através da Chama-mãe, que é o *Todo* Divino.

Esta união é a meta final dos teósofos que se dedicam inteiramente ao serviço da humanidade. Para além desses, os que não estão ainda prontos a tudo sacrificar

---

[30] Cidadão de Roma por 28 anos, ele era tão virtuoso que era considerado uma grande honra tê-lo como guardião dos órfãos dos patrícios mais abonados. Ele morreu sem ter tido um único inimigo, durante aqueles 28 anos.

podem ocupar-se das ciências transcendentais, tais como o Mesmerismo e os *phenomena* modernos sob todas as suas formas. Têm esse direito, de acordo com a cláusula que consagra e fomenta, como um dos objetivos da Sociedade Teosófica, "a investigação das leis desconhecidas da Natureza e *dos poderes psíquicos latentes no homem*"[31] .

Os teósofos são pouco numerosos – o altruísmo perfeito e completo sendo uma "*avis rara*" mesmo entre os teósofos modernos. Os outros membros são livres de se ocupar no que entenderem. Apesar disso, e a despeito da lisura dos seus *comportamentos*, que nada têm de misterioso, nós somos constantemente instados a explicarmo-nos; a persuadir o público de que não celebramos *Sabats* nem fabricamos vassouras de bruxas para uso dos teósofos. Na realidade esse tipo de coisas beiram o grotesco. Quando não nos acusam de haver inventado um novo "ismo", uma *religião* extraída das profundezas de um cérebro distorcido, ou uma mistificação, nos acusam de exercermos as artes de *Circe* sobre homens e animais. Ataques e zombarias chovem incessantemente sobre a Sociedade Teosófica. Não obstante, ela permanece de pé, depois de todos estes catorze anos em que isso perdura: sim, ela tem tido, mesmo, uma vida dura!

---

[31] Os outros dois objetivos são: 1. Formar um núcleo da Fraternidade Universal da Humanidade, sem distinção de raça, credo, sexo, casta ou cor; 2. Encorajar o estudo comparado das religiões, das filosofias e das ciências. (Nota edição de Portugal)

II

Depois de tudo, os críticos que só julgam pelas aparências, não estiveram equivocados por completo. Há Teosofia e Teosofia: a verdadeira Teosofia do *teósofo* e a Teosofia de um membro da Sociedade Teosófica. O que sabe o mundo sobre a verdadeira Teosofia? Como faz a distinção entre a de um Plotino, e aquela dos *pretensos* irmãos? Destes últimos, a Sociedade possui maior número do que o dos seus integrantes legítimos. O egoísmo, a vaidade e a presunção da maioria dos homens são inacreditáveis. Alguns há para quem a sua pequena *personalidade* constitui o Universo inteiro, para lá da qual não existe salvação. Tente sugerir a um deles de que o alfa e o ómega da sabedoria não se limitam à circunferência do seu cérebro, que o seu julgamento não é propriamente como o do rei Salomão, e, imediatamente, você será acusado de ter uma atitude "*anti*teosofia"; em suma, que se cometeu uma blasfêmia contra o Espírito – pecado que não será perdoado neste século, nem no próximo. Essas pessoas dirão: "a Teosofia, sou eu!", tal como Luís XIV disse "o Estado, sou eu!". Falam de fraternidade e de altruísmo; enquanto em realidade se interessam só por si mesmos, pelo seu pequeno "eu" que não se importa com ninguém mais. O seu egoísmo os induz a imaginar que apenas elas representam o templo da Teosofia, e que ao autoproclamar-se assim, ao mundo, proclamam a Teosofia. Ai de nós! As portas e janelas de um tal "templo" são como canais por onde entram, contudo raramente saem, os vícios e as ilusões das mediocridades egoístas.

Essas pessoas são os cupins da Sociedade Teosófica, que devoram os seus alicerces, e que constituem uma ameaça permanente. Só se consegue respirar livremente, quando elas a abandonam.

Essas pessoas, que jamais poderiam transmitir uma ideia correta da Teosofia prática, menos ainda da Teosofia transcendente, que ocupa as mentes de um pequeno grupo de eleitos. Cada um de nós possui a faculdade, o sentido interior, conhecido sob o nome de *intuição*: mas quão raros são os que sabem realmente como desenvolvê-la! No entanto, é ela a única faculdade mediante a qual podemos vislumbrar os homens e as coisas sob as suas verdadeiras cores. É um *instinto da alma* que cresce em nós, na proporção do uso que dele fazemos, e que nos ajuda a perceber e entender os fatos reais e absolutos com muito mais clareza do que com o simples exercício dos nossos sentidos e do nosso raciocínio. Aquilo a que chamam bom senso e lógica habilita-nos tão somente a ver a aparência das coisas, o que é a verdade para a generalidade das pessoas. O *instinto* de que falo, sendo uma projeção da nossa consciência perceptiva – projeção que se opera do subjetivo para o objetivo, e *não vice-versa* –, desperta em nós os sentidos espirituais e as forças para a ação; esses sentidos assimilam a essência do objeto ou da ação que examinamos, e nós os representamos como realmente *são* e não como nos pareceriam ser à luz dos nossos sentidos físicos e da nossa fria razão. "Começamos com o *instinto, terminamos com a onisciência*", diz o professor A. Wilder, o nosso mais antigo colega. Jâmblico descreveu esta faculdade, e alguns teósofos puderam apreciar toda a verdade da sua descrição.

Ele disse:

> Existe uma faculdade na mente humana que é imensamente superior a todas aquelas que nos são induzidas, ou engendradas. Através dela podemos alcançar a união com as inteligências superiores, elevando-nos acima do cenário da vida deste mundo, e compartilhar da existência superior e os poderes sobre-humanos dos habitantes celestes. Graças a esta faculdade, ficamos finalmente libertos do domínio do destino (*Karma*), e nos tornamos, por assim dizer, árbitros do nosso destino, já que no momento em que as melhores partes de nós se encontram plenas de energia, e quando a nossa alma é elevada em direção a condições mais elevadas do que a ciência, ela separa-se das condições que a avassalam na vida diária; troca a sua existência ordinária por outra, e renuncia aos hábitos convencionais que pertencem à ordem externa das coisas para entregar-se e *mesclar-se* nessa outra ordem que reina na existência mais elevada...[32]

[32] Jâmblico, *De mysteriis*, VIII, 6 e 7.

Platão expressa esta mesma ideia em duas linhas:

> A luz e o espírito de Divindade são as asas da alma. Elas a elevam até à comunhão com os deuses, acima desta Terra, com a qual o espírito humano está sempre pronto a enraizar-se ... Tornar-se igual aos deuses é tornar-se santo, justo e sábio. É esta a finalidade para a qual o homem foi criado, e esse deve ser o seu desígnio na aquisição da Sabedoria. [33]

Esta é a verdadeira Teosofia, a Teosofia interior, a da alma. Mas, se for seguida com um objetivo egoísta, ela altera a sua natureza, convertendo-se em *demosofia.* Eis por que a Sabedoria Oriental nos ensina que o iogue hindu, que se isola numa floresta impenetrável, bem como o eremita cristão que se retira, como nos tempos idos, para o deserto, ambos rumam por caminhos egoístas. Um age com o único fito de encontrar, na essência do Uno e no *Nirvāna*, refúgio que o libere da reencarnação; o outro, com o único propósito de salvar a sua alma – ambos pensam apenas em si próprios. As suas motivações são exclusivamente de caráter pessoal; já que, e admitindo que atingissem o objetivo, não seriam eles como os soldados covardes que, no momento da ação, desertam do regimento, para se proteger das balas? Ao isolarem-se assim, nem o iogue e nem o "santo" ajudam quem quer que seja, exceto a si mesmos; pelo contrário,

---

[33] Phaedrus, 246 D.E.; Theaetetus,176 B.

ambos se mostram profundamente indiferentes quanto ao destino da humanidade, de quem fogem e a quem abandonam. O Monte Athos[34] talvez contenha em si meia dúzia de fanáticos sinceros; não obstante, mesmo esses inconscientemente ignoraram a única via que podia conduzi-los à verdade – a via do Cálvário, na qual cada um carrega voluntariamente a cruz da humanidade e pela humanidade. Com efeito, é esse um ninho do egoísmo mais grosseiro; e é a estes locais que se aplica a observação de Adams: "Há criaturas solitárias que parecem ter fugido do resto da humanidade pelo único prazer de encontrar-se, cara a cara, com o diabo."

Gautama, o Buda, permaneceu em solidão só o tempo necessário para chegar à Verdade, que em seguida se devotou a proclamá-la, mendigando o seu pão e vivendo para a humanidade. Jesus se retirou para o deserto só por um período de quarenta dias, e morreu por essa mesma humanidade. Apolônio de Tiana, Plotino e Jâmblico, embora tivessem levado vidas de singular abstinência, quase de ascetismo, viveram no mundo e *para* o mundo. Os maiores ascetas e *santos* dos nossos dias não são aqueles que se retiram para locais inacessíveis; mas são aqueles que, embora evitando a Europa e os países ditos

[34] Célebre comunidade monástica situada na península do mesmo nome, o mais oriental dos três promontórios que se estendem, como dentes de um tridente, na direção sul, desde a costa da Macedônia para o Mar Egeu. É também chamado de Hagion Oros. (Nota do compilador da tradução inglesa)

civilizados – países divididos em dois campos, o de Caim e o de Abel, onde cada um só tem olhos e ouvidos para si próprio –, passam os seus dias a viajar e a fazer o bem, tentando elevar a humanidade.

Aqueles que consideram a alma humana como uma emanação da Divindade, como uma partícula ou raio da Alma universal e ABSOLUTA, compreendem a parábola dos *talentos* melhor do que os cristãos. Aquele que esconde na terra o *talento* que lhe foi dado pelo seu "Senhor" irá perdê-lo, tal como o perde o asceta que põe na cabeça "salvar a sua alma" numa solidão egoísta. O "bom e leal servidor" que dobra o seu capital *colhendo para aquele que não semeou* porque não teve meios para o fazer, e que ceifa onde os pobres não puderam espalhar o grão, age em verdadeiro altruísmo. Ele receberá a recompensa – justamente porque trabalhou para outrem sem nenhuma ideia de compensação ou reconhecimento. Esse é o verdadeiro teósofo, enquanto o primeiro é um egoísta e um covarde.

O Farol sobre o qual se fixam os olhos de todos os verdadeiros teósofos é aquele que tem sido, em todos os tempos, o ponto de direção da alma humana aprisionada. Esse Farol, cuja luz não brilha sobre nenhuma das águas terrestres, mas que cintilou na escuridão profunda das águas primordiais do espaço infinito, é por nós chamado, bem como pelos teósofos primitivos, de "Sabedoria

Divina". É a palavra final da Doutrina Esotérica. E, na antiguidade, qual era o país que se achasse digno de ser considerado civilizado e não possuísse o seu duplo sistema de SABEDORIA, do qual uma das partes era dirigida às massas e a outra a um pequeno número – o exotérico e o esotérico? Este nome SABEDORIA, ou, como por vezes chamamos, a "Religião da Sabedoria" ou *Teosofia,* é tão velha como a mente humana. O título de *sábios* – os sumo sacerdotes deste culto da verdade – foi a sua primeira derivação. O epíteto transformou-se depois nos de *filosofia* e de *filósofos* – os "amantes da Ciência" ou da Sabedoria. Devemos a Pitágoras esse nome, como também o de *gnosis,* o sistema do "conhecimento das coisas como são" ou da essência oculta sob a aparência exterior. Era sob este nome, tão nobre e tão correto na sua definição, que todos os mestres da antiguidade designavam o acervo dos conhecimentos humanos e divinos. Os sábios e *Brahmanes* das Índias, os magos da Caldeia e da Pérsia, os hierofantes do Egipo e da Arábia, os profetas ou *nebi'im* da Judeia e de Israel, bem como os filósofos da Grécia e de Roma, sempre classificaram essa Ciência especial em duas partes – a *esotérica*, ou a verdadeira, e a *exotérica,* revestida de símbolos. Até hoje, os Rabinos judeus designaram o corpo ou o veículo do seu sistema religioso sob o nome de *Merkabah*, aquilo que contém as ciências superiores, apenas acessíveis aos iniciados, e do qual ele não é senão a casca.

Acusam-nos de "mistério" e reprovam-nos por fazer segredo da Teosofia superior. Confessamos que a doutrina a que chamamos *Gupta-Vidyā* (Ciência Secreta) é unicamente conhecida de muito poucos. Mas quais mestres da antiguidade não preservaram secretamente os seus ensinamentos, receando a sua profanação? Desde Orfeu e Zoroastro, Pitágoras e Platão, até aos rosacruzes e aos franco-maçons mais modernos, foi uma regra constante que o discípulo deveria ganhar a confiança do Mestre antes de receber dele a palavra suprema e final. As religiões mais antigas sempre tiveram os seus mistérios maiores e menores. Os neófitos e os catecúmenos prestavam um juramento inviolável antes de serem aceitos. Os Essênios da Judeia e do Monte Carmelo faziam o mesmo. Os *Nabi* e os *Nazars* (os "apartados", de Israel), como os *chelas* laicos e os *Brahmachārin* da Índia, diferiam bastante uns dos outros. Os primeiros podiam, e podem, casar-se e permanecer no mundo empreendendo o estudo dos escritos sagrados, até certos limites; os últimos, os *Nazars* e os *Brahmācharin*, sempre "prestaram voto" nos mistérios da iniciação. As altas escolas do Esoterismo eram internacionais, se bem que exclusivas – prova disso está no fato de que Platão, Heródoto e outros foram ao Egito para ser iniciados; e tanto assim Pitágoras que, depois de ter visitado os *Brahmanes* da Índia, se deteve num santuário no Egito, e por fim se fez receber, segundo Jâmblico, no Monte Carmelo. Jesus seguiu o costume tradicional, e justificou-se da sua reticência citando o preceito bem conhecido:

> Não deis aos cães as coisas santas,
> nem deiteis aos porcos as vossas pérolas,
> não aconteça que as pisem com os pés e,
> voltando-se, vos despedacem...
>
> (Mateus, vii, 6)

Certos escritos antigos, conhecidos entre os bibliógrafos, personificam a SABEDORIA representando-a como tendo sido emanada de *Ain-Soph*, o *Parabrahman* dos cabalistas judeus, e como sendo a associada e companheira da Divindade manifestada. Daí o seu caráter sagrado entre todos os povos. A Sabedoria é inseparável da Divindade. Deste modo temos os *Vedas* emanando da boca do *Brahmā* hindu (o *Logos*). Buddha vem de *Buddha,* "Sabedoria", inteligência divina. O *Nebo* babilônico, o *Thoth* de Mênfis, o Hermes grego, todos eles eram deuses da Sabedoria esotérica.

A grega Atenas, a Metis, e a Neitha egípcia são os protótipos da *Sophia-Akhamot*, a Sabedoria feminina dos gnósticos. O *Pentateuco* samaritano chama, ao livro do *Gênesis*, *Akhamauth,* ou "Sabedoria", do mesmo modo que dois fragmentos de manuscritos muito antigos, *A Sabedoria de Salomão* e *A Sabedoria de Iaseus* (Jesus). A obra conhecida como *Mashalin* ou *Discursos e Provérbios de Salomão* personifica a Sabedoria chamando-a "a assistente do (*Logos*) criador", nas seguintes estrofes traduzidas literalmente:

> *I*(*a*)*HV*(*e*)*H* possuiu-me desde o princípio,[35]
> Mas eu fui a *primeira emanação* nas eternidades.
> Surgi desde a antiguidade, a primordialidade.
> Desde o primeiro dia da terra;
> Nasci antes do grande abismo.
> E num tempo em que não havia nem nascentes nem águas,
> Quando os céus estavam a ser feitos, eu estava lá.
> Quando foi traçado o círculo na face do abismo,
> Eu estava lá com Ele, *Amun*.
> Eu era o seu deleite, dia após dia[36].

Isto é exotérico, como o que se refere aos deuses pessoais das nações. O INFINITO não pode ser conhecido pela nossa razão, a qual apenas pode distinguir e definir; – mas podemos sempre conceber a ideia abstrata, graças àquela faculdade mais elevada do que a razão – *a intuição*, ou o instinto espiritual de que venho falando. Os grandes

---

[35] *JHVH*, ou *Jahveh* (*Jeovah*) é o Tetragrammaton, consequentemente, o *Logos* emanado e o criador; o tudo, sem começo nem fim, ou *Ain-Soph*, na sua qualidade de Absoluto, sendo incapaz de criar ou desejando criar.

[36] Embora as palavras sejam um pouco diferentes, as ideias expressas nesta passagem são idênticas aos Provérbios Viii, 22-30. Mashalim é o plural de Mashal, significando "exemplo", "fábula", "alegoria", i.e., um ensinamento que é ilustrado. Os Provérbios de Salomão são conhecidos em hebraico como Mishle Shelomah. A sabedoria de Iaseus é o mesmo trabalho conhecido como A Sabedoria de Jesus, o filho de Sirach, ou como Ecclesiasticus. (Nota do compilador da tradução inglesa)

iniciados que possuem a rara faculdade de *acessar* o estado de *Samādhi* – o qual só muito imperfeitamente podemos traduzir pela termo êxtase, um estado em que "um" cessa de ser o "Eu" pessoal condicionado e se converte em UM com o TODO – são os únicos que podem *vangloriar-se* de ter estado em contato com o *infinito*; mas não mais do que os outros mortais, não poderiam eles descrever esse estado por meio de palavras...

Estes poucos traços da *verdadeira* Teosofia e das suas práticas são esboçados tendo em vista um pequeno número dos nossos leitores que possuem o dom da requerida intuição. Quanto aos outros, poderão não compreender-nos, ou mesmo zombarem de tudo isso.

III

Será que os nossos amáveis críticos sabem sempre de que zombam? Terão eles a mínima noção do trabalho que se opera no mundo inteiro e da mudança mental produzida por esta Teosofia que os faz sorrir? O progresso alcançado graças à nossa literatura é evidente e, graças a certos teósofos infatigáveis, até mesmo os mais cegos o reconhecem. Há quem esteja convicto que a Teosofia é a filosofia e o código moral, senão mesmo a religião, do futuro. Os retrógrados, adeptos do *dolce far niente*[37] do conservadorismo, pressentem-no, e daí todos esses ódios e perseguições, nos quais são ajudados pela crítica. Mas a crítica, inaugurada por Aristóteles, tem-se desviado do seu programa primitivo. Os antigos filósofos, esses sublimes ignorantes em matéria da civilização moderna, quando criticavam um sistema ou uma obra, faziam-no com imparcialidade, e com o único objetivo de melhorar e aperfeiçoar aquilo que depreciavam. Estudavam primeiro o assunto, seguidamente o analisavam. Era um serviço a que se submetiam e ambos os grupos o reconheciam e aceitavam como tal. Será que a crítica moderna respeita sempre esta regra de ouro? É bem evidente que não.

Os juízes dos nossos dias encontram-se longe mesmo da crítica filosófica de Kant. A crítica fundada na impopularidade e no preconceito substituiu a da "razão pura"; e termina por se estilhaçar tudo aquilo que não se compreende, sobretudo o que nem sequer se esforça por entender. No último século – a idade de ouro das "plumas de pato" –, a crítica foi por vezes bastante mordaz, mas ainda assim fazia-se justiça. Podia suspeitar-se da mulher de César, porém ela nunca foi condenada sem que primeiro se ouvisse a sua defesa. No nosso século, o Prémio Montyon[38] e as estátuas públicas são para aquele

---

[37] A doçura de nada fazer, relaxar. (Nota Ed. Bras.)

[38] Prêmios instituídos na França, no século XIX, pelo Barão Antoine de Montyon (1737-1820), um filantropo francês, para aqueles que

que inventa a máquina bélica mais mortífera; nos dias de hoje, quando a caneta de tinta permanente substitui a sua humilde predecessora, as presas do tigre de Bengala ou as do terrível crocodilo do Nilo infringiriam feridas menos cruéis do que as "do bico de aço" do crítico moderno, quase sempre perfeitamente ignorante do alcance do estrago que produz com tanto afinco.

Talvez sirva de consolação sabermos que a maioria dos críticos literários, sejam eles transatlânticos ou continentais, são autores de baixo calibre, os quais fracassaram no campo da literatura e que se vingam agora da sua mediocridade, sobre o que quer que seja que lhes apareça à frente. O vinho insípido e manipulado transforma-se quase sempre em vinagre bem amargo. Infelizmente os *repórteres* da imprensa, em geral – famintos de promoções (de quem ficaríamos desolados de privar dos seus honorários, mesmo os obtidos à nossa custa) não são os nossos únicos críticos nem os mais perigosos. Os fanáticos e os materialistas – as ovelhas e as cabras da religião – tendo-nos colocado, por seu turno, no seu *index expurgatorius*[39], fazem com que os nossos livros sejam exilados das suas

---

beneficiassem os outros de várias formas. (Nota do compilador da tradução inglesa)

[39] O *Index Librorum Prohibitorum* ou *index expurgatorius*, em tradução livre, o *Índice dos Livros Proibidos*, era uma lista de publicações consideradas uma heresia, anticlericais ou lascivas e proibidas pela Igreja Católica. A primeira versão do *Index* foi promulgada pelo Papa Paulo IV em 1559 e uma versão revista desse foi autorizada pelo Concílio de Trento. (Nota Ed. Bras.)

bibliotecas, os nossos jornais *boicotados*, e nós próprios sujeitos ao ostracismo mais absoluto. Uma tal alma piedosa que aceite *literalmente* os milagres da Bíblia, seguindo com emoção as buscas ictiográficas de Jonas no ventre da baleia, ou a jornada transetérica de Elias voando, qual salamandra, no seu carro de fogo, trata, no entanto, os teósofos como *traficantes de prodígios* e como *charlatães.* Outra tal – *alma danada* de Haeckel –, revelando uma *fé tão cega* quanto a do fanático, na crença da evolução do homem e do gorila a partir de um antepassado comum – na ausência total de qualquer indício, de um elo, na Natureza, qualquer que fosse –, desmancha-se a rir quando descobre que o vizinho acredita em fenômenos ocultos e em manifestações psíquicas. Não obstante, nem o devoto nem o homem de ciência, nem mesmo o acadêmico, incluídos entre os "Imortais", conseguem explicar-nos o menor dos problemas da existência. O metafísico que, por séculos, estudou o fenômeno do ser nos seus princípios primevos, e que sorriria piedosamente ao escutar as incoerências da Teosofia, ficaria bastante embaraçado se tivesse de explicar-nos a filosofia ou até a causa dos sonhos. Qual deles saberá dizer-nos por que razão todas as operações mentais (excetuando-se o raciocínio, o qual, quando isolado, se encontra como suspenso e paralisado) funcionam, enquanto sonhamos, com a mesma intensidade e energia como quando estamos despertos? O discípulo de Herbert Spencer teria remetido aquele que lhe tivesse feito esta pergunta diretamente para o biólogo. Este último, para quem a digestão é o *alfa* e *omega* de qualquer sonho, tal como a *histeria*, esse grande Proteu das mil formas, que age em todos os fenômenos psíquicos, não poderia, de forma alguma, dar-nos uma resposta satisfatória. A indigestão e a histeria são, efetivamente, irmãs gêmeas, duas deusas a quem o psicólogo moderno ergue um altar, ante o qual se constitui a si mesmo como oficiante.

De tudo isto resulta que: o Cristão, qualificando a Teosofia como a "ciência maldita" e o "fruto proibido"; o homem de ciência não vendo na metafísica senão o "domínio do poeta louco" (Tyndall); o *repórter* não tratando esse tema senão com pinças envenenadas; e o missionário associando-o com a idolatria do "hindu *ensombrado na noite*" – assim, dizíamos nós, que a pobre *Theo-Sophia* é hoje tão mal entendida como acontecia quando os antigos a chamavam VERDADE, ao mesmo tempo que a lançavam no fundo de um poço. Mesmo os cabalistas "cristãos" que tanto gostam de se ver refletidos nas águas sombrias desse poço, malgrado nada aí mirem senão o reflexo puro e simples dos seus próprios rostos, que confundem com o da Verdade –, mesmo esses cabalistas nos fazem guerra!... Não obstante, tudo isso não é razão para que a Teosofia não tenha nada a dizer em sua própria defesa e em seu próprio favor; ou que abdique de afirmar o seu direito a ser ouvida; ou que os seus leais e fiéis servidores devam render-se, derrotados, e negligenciar o seu dever.

A "ciência maldita", dizeis vós, Senhores Ultramontanos? Deveríeis recordar que, apesar de tudo, a árvore da ciência se encontra enxertada na árvore da vida; que o fruto que qualificais como "proibido", e que durante dezoito séculos anunciastes como sendo a causa do pecado original que trouxe a morte ao mundo – que esse fruto, cuja flor brotou de uma haste imortal, foi alimentado por esse mesmo tronco, e que ele é, portanto, o único que pode assegurar-nos a imortalidade. Vós, Senhores cabalistas, ignorais – ou desejais negar – que a alegoria do paraíso terrestre é velha como o mundo, e que a árvore, o fruto, e o pecado tiveram outrora um significado bem mais filosófico e profundo do que têm hoje – que os segredos da iniciação se perderam…

O Protestantismo e o Ultramontismo opõem-se à Teosofia, tal como se opõem a tudo o que não emane deles; como o Calvinismo se opôs a que se substituíssem os seus dois *fetiches*, a Bíblia e o *Sabat* judaico, pelo Evangelho e o domingo cristão; como Roma se opôs ao ensino secular e à Franco-Maçonaria. A letra morta e a teocracia tiveram, contudo, o seu tempo. O mundo deve avançar, e se isso não acontecesse estagnaria e morreria. A evolução mental progride, *pari passu*, com a evolução física, e as duas avançam em direcção à VERDADE UNA

– que é o coração do sistema da humanidade, tal como a evolução é o sangue. Que a circulação cesse por um momento, o coração parará, e tudo termina na máquina humana! E são os servidores do Cristo que queriam matar ou, pelo menos, paralisar a Verdade, a golpes de um cajado, que tem por nome: "a letra que mata"! O que Coleridge afirmou sobre o despotismo político aplica-se mais ainda ao despotismo religioso. A Igreja ritualista a menos que recolha a sua mão pesada, cuja presença é como um pesadelo sobre o coração oprimido de milhões de crentes, gostem ou não, e cujo pensamento se retrai paralisado pelas resolutas superstições – está condenada *a ceder o seu lugar à religião* e a ... morrer. Em breve terá que fazer a sua escolha. Pois, tão logo as pessoas sejam esclarecidas sobre a Verdade que ela vela com tanto empenho, das duas uma: ou a igreja *perecerá através e pela mão* do povo; ou então, se as massas forem mantidas na ignorância e na escravidão da letra morta – ela perecerá *com* o povo. Será que os servidores da Verdade eterna – que por eles foi transformada num esquilo correndo à volta da roda eclesiástica – se mostrarão suficientemente *altruístas* para escolher a primeira destas duas necessidades? Quem sabe?

Repito: só a Teosofia, bem compreendida, pode salvar o mundo do desespero, reproduzindo a reforma social e religiosa outrora já conseguida na história por Gautama Buda: uma reforma pacífica, sem uma gota de sangue derramado, que permitirá a toda a gente permanecer na fé dos seus antepassados se for essa a sua escolha. Para fazer isto, só teremos que rejeitar as plantas parasitárias de invenção humana que, no momento presente, estão sufocando todas as religiões e cultos do mundo. Aceitemos apenas a essência – que é a mesma em todos eles, ou seja, o espírito que vivifica e torna imortal o homem no qual reside. Que cada homem, inclinado a fazer o bem, encontre o seu ideal, uma estrela no seu horizonte para o guiar. Que ele a siga sem se desviar do seu caminho, e certamente alcançará o "farol" da vida – a VERDADE: pouco importa que a tenha buscado e encontrado no fundo de um berço ou no de um poço...

IV

Que se riam, portanto, da Ciência das ciências antes de conhecerem a primeira palavra. Talvez nos digam que é o direito literário dos nossos críticos. Alegro-me que assim seja! É certo que, se as pessoas falassem sempre sobre aquilo que entendem, diriam apenas aquilo que é verdade, e – isso nem sempre seria assim tão divertido. Quando leio as críticas que se estão sendo tecidas sobre a Teosofia, os lugares comuns e as piadas de mau gosto sobre a mais grandiosa e sublime filosofia do mundo – um dos aspectos da qual, só pode ser achado na nobre ética dos Filaleteus –, interrogo-me se as Academias de algum país alguma vez entenderam melhor a Teosofia dos filósofos de Alexandria, do que nos compreendem a nós atualmente? O que se sabe, o que se poderá saber da Teosofia universal, se não se tiver estudado sob a orientação dos Mestres de Sabedoria? E compreendendo-se tão pouco Jâmblico, Plotino e mesmo Próculo, ou seja, a Teosofia do terceiro e quarto séculos, não obstante inventam-se críticas à neoteosofia do século XIX!

A Teosofia, afirmamos, nos chega do Extremo Oriente, tal como a Teosofia de Plotino e Jâmblico, e mesmo dos mistérios do antigo Egito. Não nos dizem Homero e Heródoto, de fato que os antigos Egípcios eram os "Etíopes do Oriente", *que vieram de Lanka ou Ceilão,* segundo as suas descrições? Com efeito, é geralmente aceito que o povo a quem estes dois autores chamam "Etíopes do Oriente" não eram senão uma colônia de Arianos de pele mais escura, os Dravidas do sul da Índia, que levaram consigo para o Egito uma civilização estruturada. Isto passou-se durante o período pré-histórico que o Barão Bunsen chama pré-menita (antes de Menes), mas que tem uma história própria, que pode ser encontrada nos velhos *Anais* de Kullûka-Bhatta. Além disso, à parte dos ensinamentos esotéricos, que não são divulgados a um público que escarnece, as pesquisas históricas do Coronel Vans Kennedy, o grande rival sanscritista das Índias do Dr. Wilson, mostram-nos que a

Babilônia pré-Assíria era o centro do Bramanismo, e do sânscrito como língua sacerdotal.[40] Ademais, se é possível acreditar-se no Êxodo, sabemos que o Egito tinha, muito antes do tempo de Moisés, os seus adivinhos, os seus hierofantes e os seus magos; o que quer dizer, antes da XIXª dinastia. Para finalizar, Brugsch-Bey vê, em muitos dos deuses do Egito, emigrantes de além do mar Vermelho e do grande Oceano Índico.

De qualquer modo, a Teosofia descende em linha direta da grande árvore da Gnose universal, árvore cujos ramos luxuriantes se estendem sobre toda a terra, como um grande dossel, abrigando à sua sombra numa época – que a cronologia bíblica se compraz de chamar antediluviana – todos os templos e todas as nações. Essa Gnose representa o agregado de todas as ciências, o *saber* acumulado de todos os deuses e semideuses encarnados alguma vez sobre a Terra. Há quem queira ver neles os anjos caídos ou o inimigo da humanidade; estes filhos de Deus, vendo que as filhas dos homens eram formosas, as tomaram por esposas e partilharam com elas todos os segredos do céu e da Terra. Que façam como entenderem.

---

[40] A referência é muito parecida com os dois trabalhos memoráveis do Coronel Van Kennedy: *Researches into the Origin and Affinity of the Principal Languages of Ásia and Europe* (Pesquisas sobre a Afinidade das Principais Línguas da Ásia e da Europa), Londres, 1828; e *Researches into the Nature and Affinity of Ancient and Hindu Mithology* (Pesquisas sobre a Afinidade da Mitologia Antiga e da Hindu), Londres, 1831. (Nota do compilador da edição inglesa)

Acreditamos em Avatares e nas dinastias divinas, na época em que havia, de fato, "gigantes sobre esta Terra", mas repudiamos inteiramente a ideia de "anjos caídos" ou de Satã e seus exércitos.

– "Qual é então a vossa religião ou a vossa crença?" – perguntam-nos. "O que estudam, de preferência?".

– "A VERDADE", respondemos. A Verdade onde quer que a encontremos; porque tal como Amônio Saccas, a nossa maior aspiração será reconciliar todos os diferentes sistemas religiosos, ajudar cada um deles a encontrar a Verdade no seio do seu próprio credo, ao mesmo tempo obrigando-se ao reconhecimento da Verdade no do seu vizinho. Que interessa o nome se a essência é a mesma? Plotino, Jâmblico e Apolônio de Tiana possuíam, segundo se diz, todos os três, os dons maravilhosos da profecia, da clarividência e da cura, e no entanto pertenciam a três escolas diferentes. A profecia era uma arte cultivada não apenas pelos essênios, como pelos *benim nabim* entre os judeus, e bem assim pelos sacerdotes dos oráculos pagãos. Os discípulos de Plotino atribuíam ao seu mestre poderes miraculosos; Filostrato invocou o mesmo em relação a Apolônio, e de Jâmblico se dizia que ultrapassava todos os outros Ecléticos na teurgia teosófica. Amônio declarou que toda a SABEDORIA moral e prática se achava contida nos livros de Thoth ou Hermes Trimegisto. Mas "Thoth" significa "um colégio", escola ou assembleia, e as obras sob esse nome, segundo *Theodidaktos,* eram idênticas às doutrinas dos sábios do extremo Oriente. Se Pitágoras recebeu os seus conhecimentos da Índia (onde ele é mencionado nos velhos manuscritos sob o nome de *Yavanāchāry* [41], o "Mestre Grego"), Platão adquiriu os seus dos livros de Thoth-Hermes. Como o jovem Hermes, o deus dos pastores, denominado "o bom pastor" – que presidia aos modos de adivinhação e clarividência – se torna idêntico a Thoth (ou Thot), o sábio deificado e autor do *Livro dos Mortos* – somente a doutrina esotérica poderá revelar aos orientalistas.

Cada país teve os seus Salvadores. Aquele que dissipar as tréguas da ignorância com a ajuda da tocha da ciência, desvelando assim a verdade, merece tanto esse título assinalando a nossa gratidão, como o merece aquele que nos salva da morte curando o nosso corpo. Ele desperta na nossa alma dormente a faculdade de distinguir o verdadeiro do falso, acendendo nelas a chama divina até esse momento latente, e tem direito à nossa reverência e gratidão, porque se tornou no nosso criador. Que interessa o nome ou o símbolo que personifica a ideia abstrata, se essa ideia é sempre a mesma e a verdadeira?! Que o símbolo concreto suporte um nome ou um outro, que o

[41] Um termo que vem das palavras *Yavana*, ou "o Jônico", e *achārya*, professor ou mestre.

salvador no qual se acredita tenha, como nome terrestre, Krishna, Buddha, Jesus ou Esculápio (denominado também de "deus salvador") –, só temos de nos lembrar de uma coisa: os símbolos das verdades divinas não foram inventados para entretenimento do ignorante; eles são o *alfa* e o ô*mega* do pensamento filosófico.

Sendo a Teosofia o caminho que conduz à Verdade, em cada culto religioso como em toda a ciência, o Ocultismo é, por assim dizer, a pedra de toque e o solvente universal. É o fio de Ariadne dado pelo mestre ao discípulo que valorosamente se adentra no labirinto dos mistérios do ser; é o facho que o ilumina quando percorre o perigoso dédalo da vida, é o eterno enigma da esfinge. Mas a luz desprendida deste facho só pode ser percebida pela visão da alma desperta e pelos nossos sentidos espirituais; ela cega o materialista, tal como o sol cega a coruja.

E não tendo dogmas nem rituais – porquanto ambos são um entrave, como o corpo material que sufoca a alma –, nós não praticamos nunca a "magia cerimonial" dos cabalistas ocidentais; conhecemos os seus perigos demasiado bem para alguma vez a adotarmos. Na Sociedade Teosófica cada membro é livre de estudar o que lhe aprouver, conquanto não enverede por caminhos desconhecidos que o conduziriam inevitavelmente à *magia negra*, à feitiçaria contra a qual Eliphas Levi adverte tão abertamente o seu público. As Ciências Ocultas são um perigo para aqueles que não as compreendem perfeitamente. Todo aquele que se entregar à sua prática, sozinho, incorre no risco de perder a razão; assim, prudentemente, os que a estudam fariam bem em juntar-se em pequenos grupos de três a sete. Estes grupos devem integrar um número ímpar de membros, para terem mais força; se um grupo formar um único corpo solidário, onde os sentidos e as percepções individuais se complementem e entreajudem – quer dizer, um suprindo ao companheiro a qualidade que a este falte –, acabará por edificar um corpo perfeito e invencível. "A união faz a força." A moral da fábula do velho que outorga aos seus filhos um feixe de varas que não devem jamais ser separadas, é uma verdade que se manterá perenemente axiomática.

V

"Os discípulos (*Lanus*) da lei do *Coração de Diamante* (magia) ajudar-se-ão mutuamente nas suas lições. O gramático estará ao serviço daquele que busca a alma dos metais (químico)", etc., etc. (Catecismo do *Gupta–Vidyā*).

Os profanos irão rir se lhes disserem que, nas Ciências Ocultas, um alquimista pode ser útil ao filólogo e *vice-versa*. Eles compreenderão, quiçá melhor, o assunto, se lhes disser que por este substantivo – gramático, ou filólogo – queremos designar aquele que estuda a linguagem universal dos símbolos correspondentes; embora apenas os membros da "Seção Esotérica" da Sociedade Teosófica possam compreender com clareza o que significa o termo filólogo, nesse sentido. Todas as coisas na natureza se correspondem, ligam e dependem entre si, mutuamente. No seu sentido abstrato, a Teosofia é o raio branco de onde nascem as sete cores do espectro solar, cada ser humano assimilando em maior grau um desses raios do que qualquer dos outros seis. Por conseguinte, sete pessoas, cada uma delas [veiculadora] do seu próprio raio especial, podem ajudar-se mutuamente. Tendo ao seu serviço o *feixe* setenário de raios, terão assim as sete forças da Natureza à sua disposição. Segue-se também que, para atingir este fim, a escolha das sete pessoas que irão formar o grupo deve ser entregue a um entendido – um Iniciado na ciência dos raios ocultos.

Estamos caminhando em um terreno perigoso, onde a Esfinge esotérica corre fortemente o risco de ser acusada de mistificação. Entretanto, a ciência oficial nos fornece, ela própria, uma prova da verdade daquilo que sustentamos, e encontramos a corroboração disso na astronomia física e materialista. O sol é só um, e a sua luz irradia para todos; ela aquece tanto o ignorante como o astrônomo especializado. Quanto às hipóteses sobre a constituição e natureza da nossa luminária – o seu número é imenso. Nem uma só destas hipóteses encerra toda a verdade, ou mesmo uma aproximação dela. Com frequência, constituem apenas ficção que em breve será substituída por outra. Já que... em geral, é às teorias científicas que são aplicáveis, melhor do que a qualquer outra coisa no mundo, estes versos de Malherbe:

... e rosa, ela viveu o tempo que vivem as rosas,

o tempo de uma manhã.[42]

Entretanto, adorem ou não o altar da ciência, cada uma destas teorias pode conter um fragmento de verdade. Um dia, todas as hipóteses, uma vez selecionadas, comparadas, analisadas, tidas em conjunto, poderão fornecer um axioma astronômico, um fato na Natureza em lugar de uma quimera num cérebro científico.

Isto está longe de querer dizer que aceitamos como um fragmento da verdade todos os axiomas proclamados como tal pelas academias. Exemplos, designadamente, são a evolução e as transformações fantasmagóricas das manchas solares – a teoria de Nasmyth do momento presente. Sir William Herschel começou por ver nelas

[42] Do poema "Consolation à Duperier", c.1599.

os habitantes do sol, belos e gigantescos anjos. Sir John Iterschel, mantendo um silêncio prudente sobre estas salamandras divinas, partilhava a opinião do Herschel mais velho, de que o globo solar nada mais era do que uma bela metáfora, um *māyā* – enunciando assim um axioma oculto. As manchas solares encontraram o seu Darwin em cada astrônomo com alguma notoriedade. Foram sucessivamente tomadas por espíritos planetários, mortais solares, colunas de fumo vulcânico (engendradas, se tende a pensar, nos cérebros acadêmicos), nuvens opacas, e finalmente, sombras em forma de folhas de salgueiro (*teoria das folhas de salgueiro*). Nos dias de hoje o deus *Sol* está degradado. Segundo os cientistas, ele não é mais que um carvão gigantesco, ainda em brasa, mas prestes a extinguir-se no centro do nosso pequeno sistema!

O mesmo acontece a respeito de especulações publicadas por membros da Sociedade Teosófica, em que os seus autores, embora pertencendo à fraternidade teosófica, nunca estudaram as verdadeiras doutrinas esotéricas. Tais especulações nunca poderão ser outra coisa que não hipóteses, apenas coloridas com um débil raio de verdade, envoltas num caos de fantasia e extravagância. Ao selecioná-las e colocá-las lado a lado, podemos, não obstante, conseguir extrair destas ideias uma verdade filosófica. Pois, e concluímos, a Teosofia tem algo mais do que a ciência comum, isto é, a capacidade de examinar o *reverso* de toda a verdade aparente. Esmiúça e analisa cada fato apresentado pela ciência física, não buscando senão a essência e a constituição última e oculta em toda a manifestação cósmica e física, seja ela do domínio moral, intelectual ou material. Em suma, a Teosofia inicia as suas investigações aonde os materialistas terminam as suas.

– "É então a metafísica, aquilo que nos ofereceis?". "Por que não dizê-lo logo?" – poderíamos objetar.

Não, não se trata de metafísica, tal como é em geral compreendida, embora por vezes desempenhe esse papel. As especulações de Kant, de Leibnitz e de Schopenhauer são do domínio metafísico, bem como as de Herbert Spencer. No entanto, quando se estudam estes últimos, não podemos evitar de *sonhar* com a Dama Metafísica participando no baile de máscaras da Academia das Ciências, com o seu nariz postiço. A metafísica de Kant e de Leibnitz – tal como o demonstram as "suas" mônadas – está tão acima da metafísica dos nossos dias como um balão nas nuvens está acima duma abóbora vazia largada num terreiro. É bem certo que, ainda que o balão possa encontrar-se num plano superior ao da abóbora, é ele demasiado artificial para servir de veículo à Verdade das Ciências Ocultas. Esta é uma deusa talvez demasiadamente provocativa para adequar-se ao gosto dos nossos sábios tão modestos. A metafísica Kantiana fez descobrir ao seu autor, sem o mínimo recurso aos métodos de hoje ou a instrumentos aperfeiçoados, a identidade da constituição e da essência do sol e dos planetas; Kant *afirmou-o*, quando os melhores astrólogos, mesmo os da primeira metade deste século, ainda *o negavam*. Mas esta mesma metafísica não foi melhor sucedida em demonstrar-lhe – não mais do que tivesse ajudado a física moderna a descobrir (apesar dos seus esforços tão estridentes) – a verdadeira natureza dessa essência.

Por conseguinte, a Teosofia, ou melhor, as Ciências Ocultas, que essa estuda, são algo mais do que uma simples metafísica. É, se nos é permitido usar este termo dúbio, metametafísica, metageometria, etc. etc. ou um universalismo transcendental. A Teosofia rejeita inteiramente o testemunho dos sentidos físicos, se eles não se fundarem no que as percepções espirituais e psíquicas nos proveem. Quer se trate da clarividência e da clariaudiência mais desenvolvidas, o testemunho *final* de ambas será rejeitado, a menos que estes termos não tenham como significado a *fotsis* (Φωτδςl) de Jâmblico, ou a iluminação extática, o αγωγη μαντεια, de Plotino e de Porfírio. O mesmo se aplica no campo das ciências físicas; a evidência da razão no plano terrestre, como a dos nossos *cinco* sentidos, ambas devem receber o *imprimatur*[43] do sexto e do sétimo sentidos do Ego divino, antes que um fato possa ser aceito pelo verdadeiro ocultista.

A ciência oficial ouve o que nós dizemos e… ri. Lemos os seus relatórios, assistimos às apoteoses do seu

[43] *Imprimatur* (latina) – significa imprima-se (pode ser impresso). (Nota Ed. Bras.)

autoproclamado progresso, às suas grandes descobertas – das quais, mais do que uma, enquanto vem enriquecendo ainda mais o pequeno número dos ricos, mergulhou milhões de pobres numa miséria ainda mais devastadora – e deixamos tudo na mesma, entregue nas suas mãos. Mas, constatando que no seu conhecimento da matéria primitiva, a ciência física não deu nem um só passo depois de Anaxímenes e da Escola Jônica – é a nossa vez de sorrir.

Nessa direção, os melhores trabalhos e as descobertas científicas mais valiosas deste século pertencem, sem lugar a dúvidas, ao grande sábio e químico, M. William Crookes [44].

Neste caso, a sua intuição assaz notável das verdades ocultas foi-lhe mais útil do que a sua erudição na ciência física. Não foram certamente nem os métodos científicos, nem a rotina oficial, que lhe possibilitaram muito da sua descoberta acerca da matéria radiante, ou no campo das suas pesquisas sobre o *protyle*[45], ou a matéria primordial.

[44] Membro do Conselho executivo da Loja de Londres da Sociedade Teosófica.
[45] O elemento homogênio, não diferenciado, a que se chamou metaelemento.

VI

Aquilo que os teósofos *pertencentes* à ciência oficial e ortodoxa se esforçam por realizar nesse seu domínio, os ocultistas ou os teósofos do "grupo interno" estudam de acordo com o método da escola esotérica. Se até esta data, tal método somente demonstrou a sua superioridade a esses estudantes, ou seja, àqueles que estão obrigados por juramento a nunca o revelarem, esta circunstância nada prova a seu desfavor. Não só as palavras *magia* e *teurgia* nunca foram sequer aproximadamente compreendidas, como também o entendimento do termo *Teosofia* foi desvirtuado. As definições que se lhes atribuem nas enciclopédias e nos dicionários são não só absurdas como grotescas. Webster, por exemplo, explica a palavra *Teosofia* asseverando aos seus leitores que designa "uma ligação direta ou comunicação com Deus e os Espíritos superiores"; seguidamente, afirma que é "a aquisição de conhecimentos e de poderes *sobre-humanos e sobrenaturais por processos físicos* [!?] como os que se praticam nas cerimônias teúrgicas dos Platônicos, ou os processos químicos dos filósofos germânicos do Fogo". Ora isto não é mais do que uma verborreia desprovida de sentido. É tal como se se dissesse ser possível transformar uma massa encefálica de um louco num cérebro como o de Newton, nele fazendo nascer o gênio matemático, se diariamente percorrer cinco léguas montado num cavalo de madeira.

A Teosofia é sinônimo da *Jñāna-Vidyā* e da *Brahma-Vidyā* [46] dos hindus, e do *Dzyan* dos adeptos trans-himalaicos, a Ciência dos *verdadeiros Rāja-Yogues*, que são bem mais acessíveis do que se pensa. Esta Ciência tem muitas escolas no Oriente, mas as suas ramificações são ainda mais numerosas, cada uma delas tendo-se separado do seu tronco materno – a SABEDORIA ARCAICA – e variado na sua forma.

Mas enquanto estas formas variavam, desviando-se cada vez mais, a cada nova geração, da Luz da Verdade, o fundo das verdades iniciáticas permaneceu intacto. Os símbolos usados para designar a mesma ideia podem diferir, mas, no seu sentido oculto, exprimem sempre a mesma ideia. Ragon, o maçon mais erudito entre os "Filhos da Viúva", disse-o bem. Existe uma linguagem sacerdotal, a "linguagem dos mistérios", e a menos que a conheça bem, não se poderá ir muito longe nas Ciências Ocultas. Segundo ele, "construir ou fundar uma cidade" tinha o mesmo significado que "fundar uma religião"; assim, esta frase, em Homero, é equivalente àquela nos *Brāhmanas*, onde se fala de distribuir "o néctar do Soma". Significa "fundar uma escola esotérica", não "uma religião", como Ragon sugere. Será que ele se enganou? Pensamos que não. Mas tal como um teósofo do círculo esotérico não ousaria dizer a um membro comum da So-

---

[46] O significado da palavra *Vidyā* só pode ser dado pelo termo grego *gnoses*, o saber ou conhecimento das coisas espirituais ocultas; ou, ainda, a sabedoria de *Brahma*, ou seja, do Deus que contém todos os deuses.

ciedade Teosófica aquilo que prometeu guardar segredo, do mesmo modo Ragon se viu obrigado a não revelar senão meias-verdades aos seus trinósofos [estudantes]. E mais que certo, contudo, que ele estudou, pelo menos de um modo elementar, a LINGUAGEM DOS MISTÉRIOS.

"Como fazer para aprender essa linguagem?" – perguntarão. Ao que respondemos: estudem e comparem todas as religiões. Para aprender essa linguagem profundamente é necessário ter um instrutor, um mestre, um *guru;* para ter êxito contando apenas consigo próprio, é preciso mais do que "gênio"; é necessária uma "inspiração" como foi a de Amônio Saccas. Encorajado, na Igreja, por Clemente de Alexandria e por Atenágoras, protegido pelos sábios da Sinagoga e da Academia, e adorado pelos Gentios, "Amônio aprendeu a *linguagem dos Mistérios* ensinando a origem comum de todas as religiões, e uma religião comum". Para fazê-lo, teve só que ensinar os antigos cânones de Hermes que Platão e Pitágoras haviam ensinado tão bem e de acordo com os quais desenvolveram as suas respectivas filosofias. Devemos surpreender-nos se, encontrando nos primeiros versículos do Evangelho Segundo S. João as mesmas doutrinas que nos três sistemas filosóficos supramencionados, ele tenha concluído, com manifesta razão, que a intenção do grande Nazareno fora restaurar a Ciência sublime da velha Sabedoria em toda a sua integralidade primitiva? Pensamos do mesmo modo que Amônio. As narrativas bíblicas e as histórias sobre os deuses só têm duas explicações possíveis: ou estas narrativas e estas histórias são grandes e profundas alegorias, que ilustram verdades universais, ou então são contos e fábulas, bons para fazer adormecer os ignorantes.

Por conseguinte, as alegorias – tanto as judaicas como as pagãs –, todas elas veiculam verdades e não podem ser entendidas senão por quem conheça a linguagem mística da antiguidade. Vejamos o que diz, a este respeito, um dos nossos mais ilustres teósofos, um platônico fervoroso e um hebraísta, que conhece o grego e o latim como se fosse a sua própria língua, o professor Alexander Wilder, de Nova Iorque: [47]

> A ideia anterior dos neoplatônicos era a existência de uma só e suprema Essência. Era o *Dio*, ou 'Senhor dos Céus', das nações Arianas, idêntico ao *Iaw* (*Iaô*) dos Caldeus e dos hebreus, ao *Iabe* dos samaritanos, ao *Tiu* ou *Tuisto* dos noruegueses, ao *Duw* das antigas tribos das Ilhas Britânicas, ao *Zeus* da Trácia, e ao *Júpiter* dos romanos. É o *Ser* (Não Ser), o *Facit [faça-se]*, único e supremo. É dele que procederam todos os outros seres por *emanação*. Os modernos substituíram a esta, assim parece, a sua teoria *de evolução*. Talvez um dia algum homem mais sábio, mais perspicaz do que eles, possa fundir estes dois sistemas num só. Os nomes destas diferentes divindades parecem muitas vezes ter sido inventados com pouca ou

[47] O primeiro Vice-Presidente da Sociedade Teosófica, quando de sua fundação.

nenhuma relação com a sua significação etimológica, mas principalmente devido a este ou aquele sentido místico, ligado ao significado numérico das letras empregues na sua ortografia.

Esse significado *numérico* é um dos ramos da "linguagem de Mistério" ou a antiga linguagem sacerdotal. Era ensinado nos "Mistérios Menores", mas a linguagem propriamente dita era reservada somente aos altos Iniciados. O candidato tinha de sair vitorioso das terríveis provas dos Mistérios Maiores, antes de receber instrução. Era por esta razão que Amônio Saccas, tal como Pitágoras, fazia os seus discípulos prestar juramento de jamais divulgar as doutrinas superiores a ninguém que não tivesse sido já instruído nas doutrinas preliminares e não estivesse pronto para a iniciação. Um outro Sábio, que viveu trezentos anos antes dele, fez o mesmo com os seus discípulos, dizendo-lhes que lhes falava "por semelhanças" (ou parábolas) "porque vos foi dado conhecer os mistérios do reino dos céus, mas a eles não..., "porque vendo, eles não vêem e, ouvindo, não ouvem nem entendem". (*Mateus*, XIII, 11, 13)

Por conseguinte, as "semelhanças" utilizadas por Jesus faziam parte da "linguagem dos Mistérios", a língua sacerdotal dos Iniciados. Roma perdeu a sua chave: ao rejeitar a Teosofia e ao lançar o seu anátema sobre as Ciências Ocultas, perdeu-a para sempre.

“Amai-vos uns aos outros”, disse esse grande Mestre àqueles que estudavam os mistérios “do reino de Deus”. “Professai o altruísmo, preservai a união, o acordo e a harmonia nos vossos grupos, todos vós que vos alinhais nas fileiras dos neófitos e dos buscadores da VERDADE ÚNICA”– nos dizem outros Mestres. “Sem união e simpatia intelectual e física, não chegareis a parte alguma. Aquele que semeia discórdia, colhe tempestades...” [48].

Cabalistas eruditos e profundos conhecedores do *Zohar* e dos seus numerosos comentários não faltam entre os nossos membros, nem na Europa, nem sobretudo na América. A que nos leva isso, e que bem fizeram eles até hoje em prol da Sociedade para a qual se propuseram trabalhar desde que nela entraram? A maior parte deles, em lugar de unir-se e entreajudar-se, olham-se de soslaio; os seus membros estão sempre prontos a zombar uns dos outros e a criticar-se mutuamente. A inveja, o ciúme, e um sentimento de rivalidade dos mais deploráveis, reinam, supremos, numa Sociedade cujo objetivo principal é a fraternidade; “vede como esses cristãos se amam!” – diziam os pagãos nos primeiros séculos, os padres da Igreja, daqueles que se matavam entre si em nome do Mestre que lhes tinha legado a paz e o amor. Os críticos e os indiferentes começam a dizer o mesmo dos teósofos, e têm razão. Vejam no que se tornaram os

[48] Provérbio siamês e budista.

nossos jornais e revistas: todos, exceto o *The Path* de Nova Iorque; – mesmo o *The Theosophist*, a mais antiga das nossas publicações mensais, não fazem outra coisa – desde que há cinco meses atrás o Presidente fundador partiu para o Japão – senão atingir à esquerda e à direita os seus colegas e teósofos. Em que somos nós melhores do que os cristãos dos primeiros Concílios?

"A união faz a força". – Eis aqui uma das razões da nossa fraqueza. Somos aconselhados a não lavar a nossa roupa suja em público? Eu sustento o contrário. Vale mais confessar as próprias imperfeições perante o mundo, por outras palavras, *lavar a própria roupa suja, do que manchar a roupa dos irmãos teósofos,* como alguns gostam de fazer. Falemos no geral, confessemos as nossas próprias faltas, denunciemos tudo o que não é teosófico... tal apenas diz respeito ao *karma* de cada um, e as publicações teosóficas nada têm de se imiscuir.

Aqueles que desejam ser bem-sucedidos na Teosofia – abstrata ou prática – devem lembrar-se de que a desunião é a primeira condição do insucesso. Reúnam-se uma dúzia de teósofos determinados e unidos. Trabalhem coletivamente, cada um seguindo o seu gosto neste ou naquele ramo da ciência universal, se assim o preferirem, mas que cada um se sinta em empatia com o seu vizinho. Isto não fará senão bem mesmo nas fileiras dos membros comuns, que não aspiram a pesquisas filosóficas. Se um tal grupo, escolhido segundo as regras esotéricas, se formasse apenas entre místicos, e se eles empreendessem juntos a busca da Verdade entreajudando-se com as suas iluminações recíprocas, asseguramos que cada membro de um tal grupo progrediria mais na ciência sagrada num ano, do que o faria sozinho em dez anos. Em Teosofia, o que é preciso é o compartilhar e não a rivalidade; caso contrário, aquele que se vangloria de ser o primeiro, será o último a chegar. Na verdadeira Teosofia, é sempre o menor que se torna o maior.

Entretanto, a Sociedade Teosófica conta com mais discípulos *vitoriosos* do que geralmente se pensa. Estes, porém, reservam-se... e trabalham em vez de pregar. São os nossos teósofos mais zelosos e os mais dedicados. Quando escrevem um artigo, eles esquecem os próprios nomes e usam pseudônimos. Entre eles, alguns há que conhecem a linguagem dos mistérios na perfeição, e um tal livro antigo ou manuscrito indecifrável para os nossos acadêmicos, ou que lhes pareça apenas um amontoado de erros contra a moderna ciência, é para eles como um livro aberto.

Este pequeno número de homens e mulheres dedicados são os pilares do nosso templo. Só eles detêm o incessante trabalho dos nossos "cupins" teosóficos.

VII

E agora, cremos ter já refutado suficientemente, nestas páginas, vários erros graves sobre as nossas doutrinas e crenças; entre eles, aquele que pretende ver nos teósofos – pelo menos naqueles que fundaram a Sociedade –, politeístas ou ateus. Não somos nem uma coisa nem outra; não mais do que o foram certos gnósticos, que crendo plenamente na existência de deuses planetários, solares e lunares, nem por isso lhes dedicaram orações nem lhes erigiram altares. Não acreditando num Deus pessoal, *afora o homem que é o templo,* de acordo com São Paulo e outros Iniciados – nós acreditamos num Princípio impessoal e absoluto[49], tão para lá das concepções humanas, que só poderíamos considerar como louco presunçoso ou blasfemador quem pretendesse definir este grande mistério universal! Tudo o que nos é ensinado sobre este princípio eterno e sem par, é que não é espírito, nem matéria, nem substância, nem pensamento, mas *aquele que contém tudo isso, o receptáculo absoluto.* É, numa palavra, o "Deus nada" de Basílides, tão pouco compreendido mesmo entre os eruditos e conceituados

[49] Essa crença, naturalmente, só se refere aos que compartilham dessa opinião com essa autora. Todas as pessoas têm o direito de acreditar no que entenderem e como entenderem. Como já afirmamos anteriormente, a Sociedade Teosófica é a "República da consciência".

analistas do Museu Guimet (tomo XIV),[50] que zombeteiramente definem este termo, designando um "deus Nada que tudo ordenou, tudo previu, embora não tivesse nem razão nem vontade".

Sim, certo, e este "Deus Nada", sendo idêntico ao *Parabrahman* dos vedantinos – a mais filosófica como mais grandiosa das concepções – é também idêntico ao *AIN-SOPH* dos cabalistas judeus. Este é também "o deus que não é", "*Ain*" significando Não Ser ou o Absoluto, o NADA *(τσ ουδεν εν)* de Basílides; significando que a inteligência humana, sendo limitada neste plano material, não pode conceber algo que é, mas que não existe sob qualquer tipo de forma. Estando a ideia de um tal *ser* limitada a *alguma coisa* que existe – seja em substância (real ou potencial), seja na natureza das coisas ou nas nossas ideias somente –, aquilo que não pode ser compreendido pelo nosso intelecto, que condiciona todas as coisas, *não existe para nós.*

– "Onde colocareis então o *Nirvāna*, ó grande *Arhat*?" – indaga um rei a um venerável asceta budista, a quem questiona a respeito da boa lei.

– "Em parte alguma, oh grande Rei!" – foi a resposta.

[50] Referência a um ensaio de Amélineau, institulado "*Essai sun Le gnosticisme* égiptien, *sés developpements ET son enigme* égiptienne', Vol. XIV, dos "Annales Du Musée Guinet", Paris, 1887. (Nota do compilador da língua inglesa)

– "Então o *Nirvāna* não existe?".

– "O *Nirvāna* é, mas não existe".

O mesmo se aplica em relação ao Deus "que não é", uma pobre tradução *literal*, já que deveríamos ler esotericamente o "*deus que não existe, mas que é*". Pois a raiz de *ουδεν é ουδειξ*, e significa "e não qualquer um", querendo dizer que aquilo de que se fala não é uma *pessoa* ou *alguma coisa,* mas a negação de ambas (le *ουδευ*, neutro, e empregue como advérbio: "*em nada*"). Por conseguinte o *to ouden en* de Basílides é absolutamente idêntico ao *En* ou *Ain-Soph* dos cabalistas. Na metafísica religiosa dos hebreus, o Absoluto é uma abstração, "sem forma nem existência", "sem qualquer similitude com o que quer que seja" (Franck, *La Kabbale*, p. 173). Deus, portanto, é NADA, sem nome, como sem qualidades; é por esta razão que lhe chamam *AIN-SOPH*, pois a palavra *Ain* significa nada.

Não é este Princípio imutável e absoluto – o qual é apenas a potencialidade de Ser –, que emana os deuses, ou princípios ativos do mundo manifestado. Não tendo o Absoluto, nem podendo ter, qualquer relação com o condicionado ou o limitado, as emanações têm origem no "Deus que fala" de Basílides: ou seja, o *Logos*, que Fílon chama "o segundo Deus" e o Criador das formas. "O segundo Deus é a Sabedoria do Deus UNO" (*Quaest. et Solut.*, Livro II, 62). "Mas este *Logos*, esta 'Sabedoria', é uma emanação? Objetaremos. "Fazer emanar alguma coisa de NADA é um absurdo!" Nada disso.

Em primeiro lugar, este "nada" é um *nada* porque é o *Absoluto* e, por conseguinte, o TODO. Depois, este "segundo Deus" não é mais uma emanação do que a sombra que o nosso corpo projeta numa parede branca, que também não é uma emanação deste corpo. Em todo o caso, este Deus não é o efeito de uma causa ou de um ato deliberado, duma vontade consciente e premeditada. É apenas o efeito periódico[51] de uma lei eterna e imutável, para além do tempo e do espaço, de que o *Logos* ou Inteligência criativa é a *sombra* ou o *reflexo.*

– "Mas é absurda essa ideia!" – Ouvimos dizer a todos aqueles que acreditam num Deus pessoal e antropomórfico. "Dos dois – o homem e a sua sombra – é esta última que é o *nada,* uma ilusão de ótica, e o homem que a projeta é a inteligência criadora, se bem que neste caso seja passiva!".

– Muito bem, mas é assim apenas no nosso plano, onde tudo não é mais do que ilusão; onde tudo parece ao *inverso*, como aquilo que é refletido num espelho. Ou, como o plano do que é real, ante as nossas percepções desvirtuadas pela matéria, é o não real. Do ponto de vis-

---

[51] Pelo menos para aquele que acredita numa sucessão ininterrupta de "criações", a que chamamos de "dias e noites" de *Brahma*, ou os *manvantaras* e os *pralayas* (dissoluções).

ta da realidade absoluta, o Universo com os seus seres conscientes e inteligentes é apenas uma pobre fantasmagoria, e por conseguinte é a sombra do Real, no plano deste último, que é dotado de inteligência e de atributos, enquanto o Absoluto – do nosso ponto de vista – se encontra privado de todas as qualidades condicionais, *justamente pelo fato de ser absoluto.* Não é necessário ser inteiramente versado na metafísica oriental para compreendê-lo; e tão pouco é um requisito essencial ser um paleógrafo ou um paleólogo brilhantes para entrever que o sistema de Basílides é o dos vedantinos (conquanto, sobre tal, algo possa ter sido desfigurado pelo autor do *Philosophumena*). Isso nos é cabalmente provado através mesmo do resumo fragmentário dos sistemas gnósticos, que esta obra nos oferece. Só a Doutrina Esotérica nos pode explicar tudo o que de incompreensível e caótico se acha no *incompreendido* sistema de Basílides, conforme nos foi transmitido pelos Padres da Igreja, esses algozes das *Heresias.* O *Pater innatus* ou o Deus não engendrado, o grande *Archon,* e os dois Demiurgos, mesmo os trezentos e sessenta e cinco céus, o número contido no nome de Abraxas, o seu governador, tudo isso derivou dos sistemas hindus. Mas tudo é negado no nosso século de pessimismo, em que tudo se move a vapor, mesmo a própria vida, onde também nada de abastrato interessa senão a alguns raros *excêntricos*, e onde o homem acaba por morrer sem ter jamais vivido um instante face a face com a sua alma, consumido como é pelo turbilhão dos assuntos egoístas e mundanos.

Aparte da metafísica, qualquer pessoa que entrasse para a Sociedade Teosófica aí poderia encontrar uma ciência e uma ocupação a seu gosto. Um astrônomo poderia fazer mais descobertas científicas estudando as alegorias e os símbolos concernentes a cada estrela[52], nos velhos livros sânscritos, do que provavelmente o faria apenas com o recurso das Academias. Um médico intuitivo aprenderia mais nas obras de Charaka[53] – traduzidas em árabe, no Séc. VIII –, ou nos manuscritos empoeirados que se encontram na Biblioteca de Adyar[54] – incompreendidos, como todo o resto –, do que nos livros sobre a fisiologia moderna. Os teósofos com inclinação para a medicina ou *arte de curar* não fariam mal se consultassem as lendas e os símbolos revelados e explicitados sobre Asclépio ou Esculápio. Efetivamente, tal como outrora fez

---

52 Cada um dos 333.000.000 deuses e deusas que compõem o panteão hindu é representado por uma estrela. Como o número de estrelas e constelações conhecidas pelos astrônomos não atinge esse número, podemos admitir ou supor que os antigos hindus conheciam mais estrelas do que os modernos conhecem.

53 Charaka foi um médico da época védica. Uma lenda representa-o como uma encarnação da serpente *Vishnu*, sob o seu nome Sesha, reinando no Pātāla (as regiões inferiores).

54 A Biblioteca e Centro de Pesquisa Adyar foi fundada em 1886 por Henry Steel Olcott, ex-presidente da Sociedade Teosófica. A biblioteca está na sede internacional da Sociedade Teosófica, em Adyar, Chennai, Índia. Foi a primeira instalação no interior desta sede. Em 1966 ela foi transferida para um prédio separado. Possui também um museu público que mostra livros antigos e manuscritos. (Nota Ed. Bras.)

Hipócrates consultando em Cos[55], as estelas votivas da rotunda de Epidauro (denominada *Tholos*), eles ali poderiam encontrar prescrições de remédios desconhecidos da farmacopeia moderna.[56] Deste modo, poderiam talvez curar, em vez de matar.

Dizemos, pela centésima vez: a Verdade é só uma! Enquanto, porém, ela for apresentada, não em todas as suas faces, mas segundo as mil e uma opiniões que sobre ela se tecem e sobre os seus servidores, deixamos de ter a VERDADE divina, mas ecos confusos de vozes humanas. Onde procurá-la, no seu todo integral, ou mesmo aproximado? Será entre os cabalistas cristãos, ou os modernos ocultistas europeus? Entre os espíritas dos dias de hoje, ou os espiritualistas primitivos?

"Na França"– disse-nos, um dia, um amigo –, "quantos cabalistas, quantos sistemas". Entre nós, todos eles se assumem cristãos. Há, entre eles, quem seja pelo Papa, a ponto de sonhar vê-lo coroado com a "coroa universal" – a de um Pontífice-César. Outros são contra o Papado, mas a favor de um Cristo, não histórico, mas criado pela sua imaginação; um Cristo polêmico e anticesariano, etc.,

---

[55] Estrabão, Geographica, XIV, ii, p.129. Ver também Pausânias, Periegesis, II, XXVIII, 2-3.

[56] Sabe-se que todos aqueles que eram curados na Asclepieia deixavam os seus ex-votos no templo e aí gravavam em estelas o nome das suas doenças e dos remédios benfazejos que os tinham curado. Mais tarde, um grande número destes ex-votos foram recuperados nas escavações da Acrópole. Ver Paul Girard, L'Asclepicion d'Athénes, Paris, Thorin, 1882.

etc.. Cada cabalista crê ter encontrado a Verdade perdida. É sempre a sua própria ciência que é a Verdade eterna, e a de todos os outros nada mais que uma miragem... E ele está sempre pronto a defendê-la e a sustentá-la com a ponta da sua pluma...".

– "Mas os cabalistas israelitas" – perguntei-lhe –, "também são a favor do Cristo?"

– "Ah bem, esses são pelo seu Messias. É só uma questão de data!".

Com efeito, não há anacronismo na eternidade. Só que, com todas estas variações de termos e de sistemas, todos estes ensinamentos contraditórios que não podem conter a Verdade genuína, não vejo como os senhores cabalistas franceses podem pretender possuir o conhecimento das Ciências Ocultas. Eles têm a Cabala de Moisés de Leon[57], por ele compilado no século XIII; mas o seu Zohar, comparado com o Livro dos Números dos caldeus, representa tanto a obra do Rabbi Shimon ben Yohai, como o Poimandres dos gregos cristãos representa o verdadeiro livro do Thoth egípcio. A facilidade com que a Cabala de Rosenroth e os seus textos latinos da

[57] Foi ele quem compilou o Zohar de Shimon bem Yohai, tendo-se perdido todos os originais dos primeiros séculos. Foi injustamente acusado de ter inventado aquilo que escreveu. Moisés de León reuniu tudo o que pôde encontrar, mas completou com o seu próprio acervo de conhecimentos as passagens que faltavam, e nisto foi ajudado pelos cristãos gnósticos da Caldeia e da Síria.

Idade Média, manuscritos lidos segundo o sistema do Notaricon, se transformam em textos cristãos e trinários, parece um ato de "magia de fadas". Entre o Marquês de Mirville e o seu amigo, o cavaleiro Drach, um antigo rabi convertido, a "boa Cabala" tornou-se um catecismo da Igreja Romana. Se os senhores cabalistas se contentam com isso, nós preferimos seguir a Cabala dos caldeus, o Livro dos Números. Aquele que se satisfaz com a letra morta e se compraz em ostentar o manto Tannaïm (os antigos Iniciados de Israel), aos olhos do ocultista experimentado será como o lobo usando a touca de dormir da vovozinha do Chapeuzinho Vermelho. Mas o lobo não devorará nunca o ocultista como devora o Chapeuzinho Vermelho, símbolo do profano sedento de misticismo, que sucumbe nas suas presas. É antes o próprio "lobo" quem irá perecer, caindo na armadilha que ele mesmo montou...

Tal como a Bíblia, os livros cabalísticos têm a sua letra morta, o seu sentido exotérico, e o seu sentido verdadeiro ou esotérico. A chave do verdadeiro simbolismo encontra-se neste momento para além dos picos gigantescos dos Himalaias, mesmo aquela dos sistemas hindus. Nenhuma outra chave poderá abrir os sepulcros onde há milhares de anos jazem enterrados todos os tesouros intelectuais que ali foram depositados pelos primitivos intérpretes da Sabedoria divina. Mas o grande ciclo, o primeiro da *Kali-yuga*, está no seu final; o dia da ressurreição de todos esses mortos pode bem não estar tão longe. O grande vidente sueco, Emmanuel Swedenborg, disse-o com estas palavras: "Buscai a *palavra perdida* entre os hierofantes, na grande Tartária e no Tibete".

Sejam quais forem os boatos contra à Sociedade Teosófica, seja qual for a sua impopularidade entre aqueles que recuam com santo horror perante tudo o que lhes afigura uma inovação, uma coisa, porém, é certa: aquilo que vós, Senhores nossos inimigos, considerais como uma invenção do século XIX, é velho como o mundo. A nossa Sociedade é a árvore da Fraternidade, que nasceu de uma semente lançada à terra pelo anjo da Caridade e da Justiça, no dia em que o primeiro Caim matou o primeiro Abel. Durante os longos séculos de escravatura e submissão da mulher, e de sofrimento do pobre, essa semente foi regada com todas as lágrimas amargas derramadas pelo fraco e pelo oprimido. Mãos abençoadas voltaram a plantá-la, de um a outro rincão da terra, sob céus diferentes e em épocas distantes entre si. "Não faças aos outros o que não gostarias que fizessem a você", dizia Confúcio aos seus discípulos. "Amai-vos uns aos outros, e amai todas as criaturas vivas", pregava Gautama, o Buda, aos seus Arhats. "Amai-vos uns aos outros" foi repetido como um eco fiel pelas ruas de Jerusalém. Pertence às nações cristãs a honra de ter "obedecido" a este mandamento supremo do seu Mestre, em toda a sua força paradoxal! Calígula, o pagão, desejava que a humanidade fosse uma só cabeça para que ele pudesse decepá-la de um só golpe. As potências cristãs foram mais longe nesta aposta mantida em teoria, ao procurar e ao achar, por fim, o meio de colocá-la em prática. Que se preparem, portanto, para se degolarem entre si e que continuem a exterminar na guerra mais homens num dia do que os Césares matavam num ano. Que despovoem países e províncias inteiros em nome da sua religião paradoxal e que pereçam pela espada. Que temos nós a ver em tudo isso?

Os teósofos são impotentes para detê-los? É verdade. Mas compete-lhes salvar tantos sobreviventes quanto seja possível. Núcleos de uma verdadeira Fraternidade, deles depende fazer da sua Sociedade a arca destinada, num futuro próximo, a transportar a humanidade do novo ciclo para lá das grandes águas revoltas do dilúvio do materialismo sem esperança. Estas águas sobem sempre, inundam neste momento todos os países civilizados. Vamos deixar os bons perecer junto com os maus, apavorados com os clamores e gritos escarnecedores destes últimos, sejam eles contra a Sociedade Teosófica ou nós mesmos? Vamos vê-los sucumbir, uns atrás do outro, um, de fadiga, outro, na busca vã de um raio de sol que ilumine o mundo, sem lhes atirarmos uma prancha de salva-vidas? Nunca!

Pode muito bem ser que a bela utopia – o sonho do filantropo que vê, como numa visão, cumprir-se o desejo tríplice da Sociedade Teosófica – esteja ainda longe. Uma liberdade plena e inteira da consciência humana concedida a todos, a fraternidade a imperar entre o rico e o pobre, e a igualdade entre o aristocrata e o plebeu – reconhecida na teoria e na prática – são ainda, por enquanto, miragens, castelos na areia, e por uma razão. Tudo isto deverá acontecer de um modo natural e voluntariamente, de parte a parte; ora, ainda não chegou o momento, nem para o leão nem para o cordeiro, de dormirem lado a lado. A grande reforma deverá ter lugar sem convulsões sociais, sem derramamento da menor gota de sangue; nada senão em nome dessa verdade axiomática da Filosofia oriental que nos mostra que a grande diversidade de fortuna, condição social e de intelecto não se devem senão aos efeitos do *karma* pessoal de cada ser humano. Nós colhemos aquilo que semeamos. Se o homem físico da *personalidade* difere de cada outro homem, o ser imaterial nele, ou a *individualidade* imortal, emana da mesma essência divina que a do seu vizinho. Aquele que está bem imbuído da verdade filosófica de que "todo o *Ego* começa e acaba por ser o TODO indivisível", não pode amar o seu próximo menos do que a si próprio. Ora, até ao momento em que isto se tornará uma verdade religiosa, nenhuma reforma semelhante poderá ter lugar. O adágio egoísta "a caridade começa consigo mesmo", ou este outro "cada um por si, Deus por todos", levarão sempre as raças "superiores" e cristãs a opor-se à introdução prática destes belos provérbios pagãos: "todo o pobre é filho de um rico", e ainda mais a este "alimenta primeiro aquele que tem fome, e depois come tu mesmo o que resta".

Mas chegará o tempo em que esta sabedoria "bárbara" das raças "inferiores" será melhor apreciada. O que devemos procurar entretanto é trazer um pouco de paz à Terra, aos corações daqueles que sofrem, levantando para eles uma ponta do véu que lhes oculta a verdade divina. Que os mais fortes mostrem o caminho aos mais fracos, e os ajudem a escalar a vereda escarpada da existência. Que estes os façam fixar o olhar no farol que brilha no horizonte, para além do oceano misterioso e desconhecido das ciências teosóficas como uma nova estrela de Belém – e que os deserdados na vida voltem a ter esperança...

Capítulo VI

Questões Psicológicas

Psicologia – A Ciência da Alma

Atualmente, a ética e a lei estão em uma fase em que ainda carecem de teorias, existindo apenas sistemas que, naturalmente, baseiam-se *a priori* em ideias, ao invés de observações, tornando-as praticamente irreconciliáveis. O que resta, então, fora da ciência física? Dizem-nos: "A psicologia, a ciência da Alma e do Ser consciente ou Ego".

Ai e três vezes ai! A psicologia moderna estuda a Alma, o *Self,* ou Ego de maneira tão indutiva, tal como um físico estuda um fragmento de matéria deteriorada. A psicologia e a sua "*planta mãe*", a metafísica, adiantaram-se menos do que qualquer outra ciência. Na Europa, estas ciências gêmeas foram separadas por um espaço de tempo tão grande que, devido à ignorância dos cientistas, tornaram-se inimigas mortais. Depois de terem progredido insuficientemente nas mãos da escolástica medieval libertaram-se dessa para cair no Sofisma moderno. A psicologia, na sua forma atual, é simplesmente uma máscara cobrindo um crânio esquelético macabro apesar de mostrar um sorriso falso, uma *flor upa*, bela e mortal, em um materialismo sem esperança. De acordo com os psicólogos: "o pensamento é uma sensação metamorfoseada, enquanto o ser humano é um simples autômato indefeso que a hereditariedade e o meio ambiente o fazem agir como um fantoche", assim escreveu um desgostoso filo-idealista, apesar de agora ser um "teósofo feliz". Mais ainda, seres como Huxley afirmam instantaneamente este automatismo humano e a moralidade [...] são todos Monistas[58]; destruidores, que se pudessem, pisoteariam a intuição com seus tacões de ferro." [...] Estes são os nossos psicólogos modernos! (do séc. XIX, bem entendido).

Cada indivíduo pode ver que a metafísica, ao invés de uma ciência dos primeiros princípios, está agora camuflada em um número de escolas mais ou menos materialistas de todos os matizes e tonalidades. Abrange desde o pessimismo de Schopenhauer até ao Agnosticismo, ao Monismo, ao Idealismo, ao Filo-idealismo e todos os "ismos", exceto o Psiquismo, para não mencionar a verdadeira psicologia. O que Huxley disse do Positivismo, definindo-o como o Catolicismo Romano sem o Cris-

[58] O Monismo é um termo que permite mais de uma interpretação. O "Monismo" de Lewes, Bain e outros, que em vão esforçam-se para comprimir todos os fenômenos mentais e materiais na unidade de uma substância, não é de todo o monismo transcendental da Filosofia Esotérica. A atual "Teoria de uma Única Substância", mental e material, envolve necessariamente a doutrina da aniquilação e, portanto, é falsa. O Ocultismo, ao contrário, reconhece que, em última análise, tanto o *Logos* como *Mūlaprakriti* são um, e existe apenas uma realidade por trás da *Maya* do Universo. No entanto, durante o ciclo *manvantárico* na esfera do ser manifestado, o *Logos* (espírito) e *Mūlaprakriti* (matéria ou *númeno*), são polos antagônicos ou dupla base de todos os fenômenos: subjetivos e objetivos. Para que o Grande *Manvantara* perdure, a dualidade do espírito e da matéria é um fato. Mais além desponta a grande escuridão do "Grande Ignoto", o único *Parabrahman*.

tianismo, deve ser parafraseado e aplicado à nossa filosofia psicológica moderna. É psicologia sem alma, sendo a psique rebaixada a uma sensação simples, um Sistema Solar sem sol, um Hamlet com um príncipe da Dinamarca não completamente expulso da tragédia, que, de uma forma muito vaga, suspeita-se que, provavelmente, está por trás das cenas.

Quando um humilde Davi tenta conquistar o seu inimigo, não ataca os pequeninos de seu exército, mas ataca Golias, o grande guia dos inimigos. Portanto, mesmo com o risco de repetir a nós mesmos, devemos analisar uma das declarações de Herbert Spencer para provar o que apresentamos aqui. Esta é a maneira na qual se expressa "o maior filósofo do século XIX":

> O estado mental em que o eu[59] é conhecido implica, como todo e qualquer outro ato mental, ou seja, um sujeito que percebe e um objeto que é percebido. Se o objeto que é percebido é o eu, então, qual é o sujeito que percebe?[60] Ou, se é o verdadeiro eu que pensa, qual é esse outro eu que pode ser o objeto do pensamento? Claramente, um verdadeiro conhecimento do eu implica em um eu no qual o ato de conhecer e o conhecido são um – onde o sujeito e o objeto são um. Mas de acordo com a correta concepção

---

[59] Em inglês *self.* (Nota Ed. Bras.)

[60] O Eu superior ou *Buddhi-Manas* revela em parte a sua presença na ação de autoanálise, e representa o pensamento abstrato mais elevado, e passa em revista a consciência cerebral subordinada.

de Mansel, esta é a aniquilação de ambos! De modo que a personalidade da qual cada um é consciente (Huxley e Spencer), um fato mais concreto do que qualquer outro, é ainda algo que não pode ser verdadeiramente conhecido; *a real natureza do pensamento impede o seu reconhecimento.*[61]

Colocamos as letras em itálico para enfatizar o ponto em questão. Será que isso não nos faz lembrar um argumento a favor da teoria ondulatória, o qual "o encontro de dois raios, cujas ondas se interligam, produz a escuridão"? Uma vez que este é o significado das palavras de Mansel, alegando que, quando o eu pensa no eu e é simultaneamente o sujeito e o objeto "ocorre a aniquilação de ambos". Portanto, tal argumentação psicológica se coloca na mesma base do fenômeno físico de ondas luminosas. Além disso, a atitude de Herbert Spencer ao confessar que Mansel tem razão, deduzindo sobre isto a sua conclusão de que "a verdadeira natureza do pensamento impede o conhecimento de si mesmo ou da alma, é a prova de que "o pai da moderna psicologia" (na Inglaterra) utiliza princípios psicológicos que não são melhores do que a ópera dos senhores Huxley ou Tyndall[62]".

---

[61] Primeiros Princípios, p. 65 e 66.

[62] Não encontramos ainda nenhuma crítica direta ao postulado de Spencer, segundo o qual "a consciência não pode estar em dois estados diferentes ao mesmo tempo", e isso ele contradiz categoricamente, quando afirma que é possível sermos conscientes de mais de um estado. Ele diz: "A fim de serem

Não contemplamos, nem minimamente, a impertinência de criticar H. Spencer, tido como um gigante do pensamento moderno, como os seus amigos e admiradores o consideram. Afirmamos isso simplesmente para provar o nosso ponto de vista e mostrar que a psicologia moderna é um equívoco. Ainda que se afirme que H. Spencer tenha "alcançado conclusões de grande generalidade e verdade no que concerne a tudo aquilo que se possa saber sobre o ser humano", nós temos em mente um determinado objetivo e não nos desviaremos da linha reta. Pretendemos mostrar que, neste século (XIX), o Ocultismo e sua filosofia não têm a menor chance de ser ainda compreendidos, e muito menos aceitos pela atual geração de cientistas. Gostaríamos sim de imprimir nas mentes dos nossos teósofos e místicos, que buscar a simpatia e o reconhecimento no campo da "ciência", implica em cortejar a derrota.

No princípio a psicologia parecia um aliado natural, mas agora, examinando-a, podemos concluir que ela é simplesmente uma *suggestio falsi*[63]. De acordo com o seu ensino atual, a psicologia é um termo tão impróprio, tal como o Polo Antártico, que sendo uma área perenemente árida e congelada, é chamado de "Sul", simplesmente por considerações geográficas.

---

percebidos diferentemente, os estados de consciência devem ser conhecidos em sucessão" ("*A Filosofia de H. Spencer Examinada*" de Iverach, James, MA.).

[63] Falsa sugestão. (Nota Ed. Bras.)

Certamente, o psicólogo moderno lidando apenas com a consciência cerebral superficial é, na realidade, mais irremediavelmente materialista do que o próprio materialista que nega tudo, sendo esse último, pelo menos, mais sincero e honesto, visto que a sua tendência é de uma negação total. O materialismo não demonstra qualquer tentativa de entender o pensamento humano e muito menos a alma-espírito humana, que ele deliberada e friamente, mas sinceramente, a nega e a expulsa de seu catálogo. No entanto, o psicólogo dedica à alma todo o seu tempo de trabalho e lazer. Ele está constantemente perfurando poços artesianos nos recessos da consciência humana. O ateu honesto ou materialista regozija-se em tornar-se "um mortal muito desprezível [...] que não é melhor que uma grande quantidade de poeira organizada, uma máquina de falar, uma cabeça que se expressa sem ter uma alma [...] cujos pensamentos encontram-se ligados pela lei de movimento", como nos diz Jeremy Collier. Mas para o psicólogo não é ainda, nem mesmo um homem, um mortal; ele é um simples agregado de sensações[64]. O Universo e tudo o que ele contém é apenas um conjunto de sensações reunidas ou uma "inte-

[64] De acordo com John Stuart Mill, nem o assim chamado Universo objetivo, nem o reino da mente – o objeto ou o sujeito – correspondem com alguma realidade absoluta para além do "sentir". Os objetos, todo o conjunto dos sentidos, são sensações, vistas a partir do ponto de vista objetivo, enquanto que os estados mentais são "sensações consideradas subjetivamente". O "Ego" é uma ilusão tão completa como a matéria. A Realidade Única é apenas uma coleção de sentimentos reunidos pelas leis rígidas de associação.

gração de sensações." Tudo é resolvido em relações de sujeito e objeto, entre o universal e o individual, entre o absoluto e o finito. Mas, ao tratar dos problemas da origem do espaço, do tempo e do complexo de todas essas correlações e interrelações de ideias e da matéria, questões do *ego* e do *não ego*, toda a prova dada a um adversário leva o epíteto pejorativo de "ontologista". Depois disso, a psicologia moderna, tendo demolido o objeto de seu sentimento na pessoa de seu opositor, se volta contra ela mesma cometendo haraquiri[65], mostrando que o sentimento não é nada melhor do que uma alucinação.

O que precede é ainda mais sem esperança para a causa da verdade, do que os inócuos paradoxos dos automatistas materialistas. A afirmação de que "os processos físicos no cérebro são completos em si mesmos", neste caso, diz respeito unicamente à função memorizadora do cérebro material; e incapazes de explicar satisfatoriamente os processos psíquicos por meio desse argumento, os "filósofos automatistas" são, portanto, inofensivos em causar prejuízos permanentes. Porém, os psicólogos, em cujas mãos a ciência da alma caiu agora desafortunadamente, causam grande dano, na medida em que fingem

---

[65] *Seppuku* (*lit. "cortar o ventre"*), vulgarmente conhecido no Ocidente por harakiri ou haraquiri; refere-se ao ritual suicida japonês reservado à classe guerreira, principalmente samurai, em que ocorre o suicídio por esventramento. Surgiu no Japão em meados do século XII generalizando-se até 1868, quando sua prática foi oficialmente interditada. (Nota do tradutor)

ser buscadores sinceros da verdade, e se contentam em representar a "Coruja" de Coleridge, a qual:

> Voando sobre suas asas obscenas durante o meio-dia,
> Baixa suas pálpebras de franjas azuis, fechando-as
> E ululando para o glorioso Sol no céu, nega o
> fato reiteradamente sustentado
> E exclama: "Onde estás? [...]

E quem é o maior cego do que aquele que não quer ver? Em todo lugar buscamos a confirmação científica no que diz respeito à questão do Espírito (em seu aspecto setenário), a única coisa que é a causa da consciência e do pensamento, como ensina a Filosofia Esotérica.

Temos constatado que a ciência física e a psicológica negam esse fato, abertamente, ao sustentarem suas teorias contraditórias e antagônicas. Além disso, a ciência física, em seu mais recente desenvolvimento, está meio inclinada a acreditar-se muito transcendental e importante, em função da mais recente polêmica e distanciamento dos ensinamentos brutais de Büchner e Moleschotts. No entanto, quando se analisa a diferença entre os dois, isto parece quase imperceptível como se eles se fundissem em uma só teoria.

Na verdade, de acordo com as atuais afirmações dos defensores da ciência, a crença de que a sensação e o pensamento são apenas movimentos da matéria (ver a teoria de Büchner e Moleschotts) é, segundo a observação de um renomado niilista inglês, “indigna do nome de filosofia.” Nenhum homem da ciência eminente, diz-nos com indignação, nem Tyndall, Huxley, Maudsley, Bain, Clifford, Spencer, Lewes, Virchow, Haeckel e Du Bois Raymond, jamais foram tão longe a ponto de afirmar que “o pensamento é um movimento molecular, mas concomitante (não a causa, como alegado pelos crentes na alma) de certos processos físicos no cérebro”. Eles, os verdadeiros cientistas justapostos aos falsos, os pseudointelectuais e os monistas, unidos aos materialistas, nunca disseram que o pensamento e o movimento nervoso são os mesmos, mas que são apenas “os aspectos subjetivos e objetivos da mesma coisa.”

Assim, pode ser devido a um treinamento deficiente que não nos permitiu desenvolver outras ideias sobre um assunto diferente daqueles que correspondem às palavras em que são expressas, mas nos declaramos culpados por não ver uma diferença tão marcante entre as teorias de Buchner e as dos novos monistas. “O pensamento não é um movimento molecular, mas é concomitante a certos processos físicos no cérebro.”

Porém, o que é uma ação concomitante? E o que é um processo? De acordo com as melhores definições, a ação concomitante é algo que acompanha ou está colateralmente conectada com outra coisa – um concorrente e um companheiro simultâneo. Um processo é o ato de proceder, um avanço ou movimento, quer seja uma série de movimentos temporários ou contínuos. Assim, concomitantemente aos processos físicos, sendo naturalmente um pássaro da mesma espécie, seja subjetivo ou objetivo e, sendo devido ao movimento que os materialistas e os monistas dizem que é físico – que diferença existe entre a sua definição e a de Büchner, exceto talvez que é em palavras um pouco mais cientificamente expressas?

O que segue são as três ideias científicas dos filósofos contemporâneos sobre as mudanças no pensamento:

Postulado: "A mudança molecular na substância cerebral provoca todos os estados mentais".

1.- A esse respeito, o materialismo diz: as alterações moleculares no cérebro causam as alterações mentais.

2.- Segundo o espiritualismo (os crentes em uma alma): são as alterações mentais que produzem as alterações moleculares. (É o pensamento que afeta a massa encefálica através do recurso a *Fohat*[66], focalizado através de um dos princípios no homem).

3.- De acordo com o monismo: entre os dois grupos de fenômenos não existe uma relação causal; o mental e o físico são dois aspectos da mesma coisa, (uma evasão verbal, um sofisma).

---

[66] *Fohat* – termo empregado para representar a potência ativa (masculina) do *Shakti* (potência reprodutora feminina) na Natureza. A essência da eletricidade cósmica. *Glossário Teosófico*, Ed. Ground, 3ª edição. (Nota Ed. Bras.)

A isto, o Ocultismo refuta que a primeira ideia é totalmente inverossímil. Pesquisando a segunda ideia, a pergunta que surge é: o que é que preside de maneira tão imparcial as alterações mentais? Qual é o *númeno* (a causa) dos fenômenos mentais que constituem a consciência externa do ser humano físico? O que nós reconhecemos como o "eu" terreno, e que, apesar dos monistas e materialistas, controla e regula o fluxo dos seus estados mentais? Nenhum ocultista negaria, nem mesmo por um momento, que a teoria materialista no tocante às relações entre mente e cérebro seja, à sua maneira, expressiva da verdade de que a consciência cerebral "*superficial*" ou o "eu fenomenal" está ligado para todos os efeitos práticos à integridade da massa encefálica cerebral. Esta consciência cerebral ou personalidade é mortal, sendo apenas um reflexo distorcido por uma base física do eu *manásico*. É um bom instrumento para a colheita da experiência de *Buddhi-Manas*, ou Mônada, saturando-o com o aroma da experiência conscientemente adquirida. Tudo isso implica que "o eu cerebral" é real enquanto dura, e tece o seu *karma* como uma entidade responsável. De acordo com a explicação esotérica, é a consciência inerente àquela porção inferior de *Manas* que está correlacionada com o cérebro físico.

A Ação Psíquica e Noética

1ª Parte

[...] Eu criei o homem justo e bom,

Capaz de se manter reto, embora livre para cair

Da mesma maneira que eu criei todos os poderes etéreos, e os espíritos, tanto aqueles que permaneceram em retidão como os que falharam.

Na verdade, permaneceram retos os que deviam ficar retos, e caíram aqueles que deveriam cair [...].

Milton

[...] A única hipótese compatível com todos os fatos da experiência é que a mente é um ser real influenciável pelo cérebro e pode afetar o corpo através do cérebro.

George T. Ladd, "Elementos de Psicologia Fisiológica.

De repente, uma nova influência, um sopro, um som, tal como "o silvo de um vento forte", tem pairado sobre algumas cabeças teosóficas. Uma ideia, vaga no início, com o tempo se transformou em uma forma bem definida e agora parece promover um intenso movimento nas mentes de alguns de nossos membros. Essa ideia é a seguinte: no futuro, se quisermos fazer proselitismo, os poucos ensinamentos, até agora ocultos, e destinados a vir à luz da publicidade, deveriam ser subordinados à ciência moderna, se não completamente idênticos a ela. Segundo aqueles que nos aconselham as assim chamadas, cosmogonia, antropologia, etnologia, geologia, psicologia e, especialmente, a metafísica, todas esotéricas[67] (ou esotéricas no passado), tendo sido adaptadas para obedecer ao pensamento moderno (e, em seguida, materialista), no futuro, jamais deveríamos permitir-lhes contradizer (não abertamente por certo), a "filosofia científica". Supomos que esta última implique nas ideias fundamentais e aceitas das grandes escolas alemãs ou de Herbert Spencer e de algumas outras estrelas inglesas de menor importância, incluindo aí também as deduções que os seus discípulos mais ou menos instruídos possam extrapolar delas.

Esse é realmente um grande empreendimento e, também, em perfeita harmonia com a política dos Casuístas medievais, os quais mistificaram a verdade a ponto de suprimi-la toda vez que ela contrastava com a revelação divina. É dispensável dizer que nos recusamos a tal compromisso. É bem possível, até provável, e quase inevitável, que os "erros" cometidos na tradução desses ensinamentos complicados e metafísicos, tais como contidos no Ocultismo oriental, são "muito frequentes e muitas vezes importantes". No entanto, todos eles são

[67] Usamos a expressão "as assim chamadas", porque nada do que foi divulgado publicamente na imprensa pode ser definido como esotérico.

devidos aos intérpretes e não ao próprio sistema. É necessário corrigi-los, sob a autoridade da mesma doutrina, verificando-os através dos ensinamentos desenvolvidos no solo rico e firme da *Gupta Vidyā*, e não através das especulações aleatórias que brotam hoje e desaparecem amanhã nas areias movediças das conjecturas científicas modernas, especialmente em tudo o que é relacionado à psicologia e aos fenômenos mentais. Baseando-se em nossa máxima: "*Não há Religião Superior à Verdade*", nos recusamos, decididamente, a classificar a ciência física de agradável. No entanto, temos de dizer o seguinte: se as chamadas ciências exatas limitassem as suas atividades apenas ao reino físico da Natureza, se eles estavam interessados apenas na cirurgia, química, para seus fins legítimos, e com relação à fisiologia, uma vez que envolve a estrutura do nosso veículo físico, os ocultistas seriam os primeiros a buscar apoio nas ciências modernas, apesar de seus muitos erros. No entanto, uma vez que os fisiologistas da moderna escola "animalista"[68] vão além da na-

[68] (Quem quer que tenha sido o inventor) da palavra "animalismo", só é adequado em antítese com o termo "animismo" do Sr. Tylor, que a aplicou a todas as "Raças Inferiores" da humanidade, que acreditavam que a alma é uma entidade distinta. Segundo ele, as palavras psique, *pneuma, animus, spiritus*, etc., todas pertencem ao mesmo ciclo de superstição, naqueles "estados inferiores da civilização". Além disso, o professor A. Bain nomeia estas distinções como uma "pluralidade de almas" e um "duplo materialismo." Isto é ainda mais curioso já que o autor de "Mente e Corpo" fala de maneira muito humilhante sobre o "materialismo" de Darwin em "Zootomia" trabalho em que o fundador da evolução moderna define a palavra ideia como um mero "movimento de contração ou configuração das fibras que formam o órgão imediato da sensação". ("*Mente e Corpo*", p. 190, nota).

tureza material, pretendendo imiscuir-se e preconizando *excathedra dicta*, sobre as funções e os fenômenos mentais superiores, dizendo que uma análise cuidadosa os leva à convicção de que tanto o humano como o animal não são agentes livres, e o primeiro é ainda menos responsável, o ocultista tem mais direito de protestar do que o comum "idealista" moderno. O ocultista afirma que nenhum materialista, o qual na melhor das hipóteses é uma testemunha com ideias preconcebidas e unilaterais, pode reivindicar alguma autoridade sobre a questão da fisiologia mental, ou o que é agora chamado de a fisiologia da alma. Este nome não pode ser aplicado à palavra "alma", a menos que isto se aplique apenas à mente psíquica inferior que se desenvolve no intelecto do ser humano (em proporção à perfeição de seu cérebro), enquanto no animal é um instinto superior. Mas desde que o grande Charles Darwin ensinou que "nossas ideias são movimentos animais do nosso órgão do sentido", tudo se tornou possível para o fisiólogo moderno.

Portanto, não obstante o sofrimento de nossos membros cientificamente inclinados, é novamente o dever da revista *Lucifer* mostrar até que ponto a nossa posição é contrária à da ciência exata, ou seja, na medida em que as suas conclusões estão longe da verdade e da realidade dos fatos. Naturalmente, com o termo "ciência", definimos a maioria dos cientistas, entretanto temos o prazer de dizer que a melhor parte minoritária dos cientistas corrobora as nossas ideias, pelo menos no que diz respeito ao livre-arbítrio dos seres humanos e à imaterialidade da mente. O estudo da "fisiologia" da Alma, da Vontade no indivíduo e de sua Consciência Superior, desde o ponto de vista do gênio e de suas faculdades manifestadas, nunca poderá ser resumido em um sistema de ideias gerais representadas por fórmulas simples, da mesma forma que "a psicologia da natureza material" não poderá ver os seus muitos mistérios resolvidos pela simples análise de seus fenômenos físicos. Não existe um órgão especial para a Vontade, assim como não há nenhuma base física para as atividades da autoconsciência.

A questão relativa à base física para as atividades da autoconsciência não tem nenhuma resposta, nem podemos sugerir uma:

> [...] Devido à sua natureza essencial, aquele maravilhoso ato mental verificador, no qual reconhece os estados como seus, não pode ter nenhum substrato material análogo nem correspondente. É impossível especificar algum processo fisiológico que represente este ato unificador; é ainda impossível imaginar como a descrição de qualquer processo do gênero possa ter relação inteligente com este único poder mental.[69]

[69] "Psicologia Fisiológica" p. 545, por George T. Ladd, professor de filosofia na Universidade de Yale.

Assim, poderíamos desafiar o conclave total dos psicofisiólogos perguntando-lhes sobre a definição correta da Consciência e certamente eles falhariam, porque a Autoconsciência pertence apenas aos seres humanos e procede do Ser, o *Manas* superior. Mas, visto que o elemento psíquico (o *Kāma-manas*)[70], é comum tanto nos animais como nos seres humanos, e seu desenvolvimento mais elevado no indivíduo descansa unicamente na maior perfeição e sensibilidade de suas células cerebrais, nenhum fisiólogo, nem sequer o mais hábil, jamais poderá solucionar o mistério da mente humana em sua manifestação espiritual superior ou em seu aspecto dual: psíquico e noético (ou *Manásico*)[71] e tampouco compreender as complicações do aspecto psíquico no simples plano material; a menos que tenha um certo conhecimento acerca da presença deste elemento dual e esteja preparado a admiti-lo. Isto implica que deveria reconhecer a presença de uma mente inferior (animal) e superior (ou divina) no Ser ou o que se conhece em Ocultismo como os Egos "pessoal" e "impessoal." Uma vez que, entre o psíquico e o noético, entre a personalidade e a individualidade, existe o mesmo abismo que se perfila entre um "Jack o estripador" e um santo Buda. O fisiólogo não aceitará

[70] O que os cabalistas chamam *Nephesh,* "ou sopro de vida."

[71] Preferimos usar a palavra sânscrita *Manas* (Mente), em lugar da grega *Nous* (noético), devido à imperfeita compreensão filosófica desta última, que não sugere nenhum significado definido.

isto, e sempre se debaterá nas dificuldades. Temos a intenção de prová-lo.

É notório que a maioria de nossos eruditos "Santo Tomases" recusam a ideia do livre-arbítrio. No entanto, esta questão é um problema que tem ocupado as mentes dos pensadores há séculos. Cada escola a tem considerado, abandonando-a imediatamente sem chegar a uma solução. Mais ainda, apesar de ser um dos dilemas filosóficos mais contundentes, os modernos "psicofisiólogos" afirmam, de maneira muito fleumática e pretensiosa, que têm cortado o *nó górdio*[72] para sempre. De acordo com eles, o sentimento de livre-arbítrio pessoal é um erro, uma ilusão: "a alucinação coletiva da humanidade". Essa convicção deriva do princípio segundo o qual nenhuma atividade mental é possível sem um cérebro e um cérebro não pode existir sem um corpo. Além disso, uma vez que o cérebro está sujeito às leis do mundo material, onde tudo se radica na necessidade e onde não existe qualquer espontaneidade, o nosso moderno psicofisiólogo deve repudiar, gostemos ou não, toda a espontaneidade pessoal na ação humana. Por exemplo: eis aqui um professor de fisiologia de Losana, A.A. Herzen, segundo o qual, afirmar a existência do livre-arbítrio nos seres humanos

---

[72] *Nó górdio* é uma lenda que envolve o rei da Frígia (Ásia Menor) e Alexandre, o Grande. É comumente usada como metáfora de um problema insolúvel (desatando um nó impossível) resolvido facilmente por ardil astuto ou por "pensar fora da caixa". (Nota Ed. Bras.)

lhe parece ser o mais absurdo disparate anticientífico. Este oráculo diz:

> No ilimitado laboratório físico e químico que envolve os seres humanos, a vida orgânica representa um grupo de fenômenos insignificantes. Além disso, entre estes últimos, o lugar ocupado pela vida que atingiu o estágio de consciência é tão pequeno que é absurdo excluir o indivíduo do escopo de uma lei geral, visando conferir a existência de uma espontaneidade subjetiva ou um livre-arbítrio que esteja fora desta lei. ("Psicofisiologia Geral")

Para o ocultista que conhece a diferença entre os elementos psíquicos e noéticos, o que foi dito antes "é pura insensatez, apesar de sua firme base científica". Com efeito, quando o autor coloca em questão: "onde desaparece o movimento depois de ter alcançado seus centros sensórios, se os fenômenos psíquicos não representam os resultados de uma ação de caráter molecular?" Ao que respondemos que nunca negamos este fato. Mas que relação tem isto com o livre-arbítrio? É um antigo axioma oculto que cada fenômeno visível no Universo tem sua gênese no movimento; não duvidaríamos caso o psicofisiólogo se colocasse em desacordo com todo o conclave de cientistas ao sustentarem a ideia de que, em determinado momento, uma série completa de fenômenos físicos desapareceria no vazio. Por isso, quando o autor da citada obra argumenta que dita força não se apaga ao alcançar os centros nervosos superiores, mas que, no entanto, ela se transforma em outra série de manifestações psíquicas, pensamento, sentimento e consciência, assim como ocorre, quando esta mesma força psíquica se torna energia muscular ao ser aplicada para produzir algum trabalho de caráter físico (ou muscular), o Ocultismo o apoia já que é o primeiro a dizer que toda atividade psíquica, desde suas manifestações menores às superiores, não é "nada mais do que o movimento".

Sim, é movimento; mas não completamente "molecular", conforme o autor quer nos fazer inferir. O movimento, no rol de Grande Alento (ver o primeiro volume de *A Doutrina Secreta*), e ao mesmo tempo "som", é o substrato do Movimento Cósmico[73]. Não tem princípio nem fim, é a única vida eterna, a base e o gênese do Universo subjetivo e objetivo, porque a Vida (ou Seidade) é a fonte e a origem da existência de todo Ser. Contudo, o movimento molecular é sua manifestação inferior e é mais material. Se a lei geral da conservação da energia conduz a ciência moderna à conclusão de que a atividade psíquica representa unicamente uma forma particular de movimento, esta mesma lei guia os ocultistas, os impele à idêntica convicção, e algo mais, que a própria psicofisiologia omite completamente de considerar. Se

---

[73] H.P.B. utiliza o termo Cosmos (com C), referindo-se somente ao Cosmos visível, o nosso Sistema Solar, quando o soletra com K, *Kosmos,* implica a manifestação *manvantárica* integral, o *Kosmos* universal, do qual participa nosso sistema planetário. (Nota do tradutor)

esta tem descoberto, somente no atual século, que a ação psíquica, (nos dizemos até a espiritual), está sujeita às mesmas leis gerais e imutáveis do movimento, conforme qualquer outro fenômeno manifestado no reino objetivo do *Kosmos* e que, tanto no mundo orgânico como no "*inorgânico*" (?), cada manifestação, seja consciente ou inconsciente, representa unicamente o resultado de um conjunto de causas, na Filosofia oculta, o anterior constitui, simplesmente o "abc" de sua ciência. Segundo os antigos livros da Filosofia oculta hindu: "Todo o mundo está em *Svara*, que é o próprio Espírito", a Vida única, o movimento. O autor de "*As Forças mais sutis da Natureza*"[74] diz: A tradução apropriada do termo *Svara* é "a corrente das asas da vida" e depois continua explicando:

> O movimento ondulatório é a causa da evolução da matéria cósmica indiferenciada no Universo diferenciado. [...] De onde provém este movimento? O dito movimento é o próprio Espírito. A palavra *Ātmā* (a Alma universal), usada no livro (vide abaixo), comunica a ideia do movimento eterno já que procede da raiz '*at*', movimento

[74] Revista "*Theosophist*", de fevereiro de 1888, p. 275. Artigo de Rama Prasad, presidente da Sociedade Teosófica de Merut. O livro oculto do qual menciona: "É *Svara* quem deu a forma às primeiras acumulações das divisões do Universo. *Svara* causa a evolução e a involução. *Svara* é Deus, ou falando mais corretamente, o "Grande Poder" (*Maheshvaras*). *Svara* é a manifestação da impressão na matéria do poder que, no ser humano, é o poder que conhece a si mesmo (a consciência mental e psíquica). Devemos entender que a ação deste poder é incessante [...] a "existência imutável" e esta é o "Movimento dos cientistas e o Sopro de Vida universal dos ocultistas."

eterno. Podemos colocar uma interessante observação, segundo a qual a raiz "*at*" está relacionada com as raízes "*ah*", o sopro e "*as*", o Ser; com efeito, é simplesmente outra forma destas. A origem das raízes anteriormente citadas é o som produzido pelo alento dos animais (seres viventes)[...] Portanto, a corrente primordial do movimento da vida é a mesma que no indivíduo toma a forma de movimento inspiratório e expiratório dos pulmões e essa é a fonte intercambiável da evolução e da involução do Universo [...]".

Em relação ao movimento e à "conservação de energia" temos material suficiente extraído dos livros antigos de magia, escritos e ensinados em épocas anteriores ao nascimento da moderna ciência exata e dedutiva. Com efeito, o que acrescenta esta última ao conteúdo de tais livros quando se refere, por exemplo, ao mecanismo animal da seguinte maneira:

> Desde o átomo invisível até o corpo celestial perdido no espaço, todas as coisas estão sujeitas ao movimento [...] as moléculas, mantidas a uma distância recíproca definida, que é proporcional ao movimento que as anima, representam relações constantes que se modificam somente acrescentando ou tirando certa quantidade de Movimento.[75]

[75] "Mecanismo Animal", um tratado sobre a locomoção terrestre e aérea. O autor é E.J. Marey, professor do Colégio de França e Membro da Academia de Medicina.

Contudo, o Ocultismo vai mais além. Enquanto considera o movimento, no plano material, e a conservação de energia como duas leis fundamentais ou dois aspectos da mesma lei onipresente, *Svara* nega rotundamente que essas tenham relação direta com o livre-arbítrio humano, o qual pertence a um plano muito diferente. O autor de *Psicofisiologia Geral* ao mencionar o que descobriu, de que a ação psíquica é simplesmente movimento e o resultado de uma coletividade de causas, afirma que, desta forma, "é inútil continuar discutindo sobre a espontaneidade no sentido de tendência inata, interna, criada pelo organismo humano, e acrescenta que isto coloca ponto final a toda pretensão de livre-arbítrio!" O ocultista rechaça esta conclusão. O fato real da individualidade psíquica (que nós chamamos *manásica* ou noética) é uma garantia suficiente para invalidar tal suposição, pois, no caso de que tal conclusão seja correta ou conforme a expressão do autor, "tanto o livre-arbítrio, sendo a alucinação coletiva de toda a humanidade durante eras", como também a individualidade psíquica cessariam de existir.

No entanto, com o termo individualidade "psíquica" damos a entender o poder autodeterminante que permite ao ser humano superar as circunstâncias. Coloque meia dúzia de animais da mesma espécie em idênticas condições e suas ações, mesmo que não sejam iguais, terão uma estreita semelhança. Coloque meia dúzia de seres humanos nas mesmas circunstâncias e suas ações serão tão diferentes quanto as suas características, ou seja, sua individualidade psíquica.

Mas nós, em lugar de chamá-la "psíquica", a denominamos Vontade Autoconsciente superior, desta forma, como os materialistas poderão relacioná-la com o movimento molecular se a ciência psicofisiológica tem demonstrado que a vontade não tem nenhum órgão específico? Segundo o professor George T. Ladd:

> Os fenômenos da consciência humana devem ser considerados como uma atividade de alguma outra forma do Ser Real, muito mais do que a das moléculas móveis cerebrais". Requerem um sujeito ou um terreno que em sua natureza seja diferente das gorduras fosforizadas das massas centrais, as fibras ou as células nervosas acrescidas do córtex cerebral. Este Ser real, manifestando-se a si mesmo, diretamente, mediante os fenômenos da consciência e, indiretamente em outros através das mudanças corporais é a Mente (*Manas*). A essa se devem atribuir os fenômenos mentais, já que mostra o que é mediante aquilo que se faz. As chamadas "faculdades" mentais são simplesmente as classes de comportamento segundo a consciência deste Ser real. Com efeito, valendo-nos do único método disponível, constatamos que este Ser real, chamado Mente, crê em certos padrões cujo reaparecimento é perpétuo. Esta é a razão pela qual lhe atribuímos algumas faculdades. [...] As faculdades mentais não são entidades que têm uma existência independente. [...] São as classes

de comportamento na consciência da mente. Além disso, a real natureza das ações destas classes, e que as conduz a serem diferentes, só se pode explicar supondo a existência de um ser chamado Mente, o qual deve distinguir-se dos seres reais que conhecemos como sendo unicamente moléculas físicas da massa nervosa cerebral.[76]

Uma vez que, segundo o que nos foi mostrado, devemos considerar a consciência como uma Unidade (outra proposição oculta), o autor acrescenta:

> Segundo as considerações anteriores, chegamos à seguinte conclusão: o sujeito de todos os estados de consciência é um Ser-Unidade chamado Mente; sua natureza é imaterial, atua e se desenvolve segundo suas próprias leis; mesmo assim, está especialmente relacionado com certas moléculas e massas materiais que constituem a substância do cérebro[77].

Esta "Mente" é *manas*, ou melhor, o seu reflexo inferior. O qual cada vez que se desvincula, momentaneamente, de *kāma*, se converte no guia das faculdades mentais superiores e é o órgão do livre-arbítrio no ser físico. Assim, a suposição da psicofisiologia mais recente é infundada e a aparente impossibilidade de conciliar a

---

[76] O *Manas* superior ou "Ego" *(Kshetrajña) é o* "Espectador Silencioso", a "vítima sacrificatória" voluntária, enquanto o *manas* inferior é o seu representante no mundo, na realidade um déspota tirano.

[77] *Elementos de Psicología Fisiológica*. Um tratado sobre as atividades e a natureza da mente desde o ponto de vista Físico e Experimental, p. 606 e 613.

existência do livre-arbítrio com a lei de conservação de energia é enganosa. As "Cartas Científicas" de "*Elpay*" amplamente demonstram isto, ao criticar a obra. Mesmo assim, não é necessária uma interferência tão elevada das leis Ocultas (elevada para nós) a fim de provar o assunto de maneira definitiva, aprofundando a questão, mas sim um pouco de senso comum. Analisemos, imparcialmente, o tópico. Segundo o postulado de um homem que, presumivelmente, é um cientista: "ao constatar que a ação psíquica está sujeita às leis gerais e imutáveis do movimento, pode-se deduzir que não existe nenhum livre-arbítrio no ser humano". O método analítico das ciências exatas o tem demonstrado e os cientistas materialistas têm decretado o "passo da resolução", segundo a qual seus seguidores deveriam aceitar tal fato. Mesmo assim, existem cientistas mais proeminentes, cuja maneira de pensar é diferente. Por exemplo, segundo declara o eminente cirurgião Sir William Lawrence em suas conferências[78]:

> A doutrina filosófica da alma e sua existência separada não têm nenhuma relação com a questão fisiológica; mas repousa em uma espécie de prova totalmente diferente. Os trabalhos do anatomista e do fisiologista nunca poderiam trazer à superfície estes dogmas sublimes. O sangue

[78] Lawrence *Conferências sobre a Anatomia Comparada. A Fisiologia, a Zoologia e a História do Homem*, Londres 1888, p. 6.

> e as impurezas da sala de dissecação não constituem o ambiente adequado para descobrir um ser imaterial e espiritual.

Então, nos valendo do testemunho do materialista, examinemos como o dito solvente universal, chamado "método analítico", se aplica a este caso em especial. O autor de "Psicofisiologia" decompõe a atividade psíquica em seus elementos constituintes, fazendo-os remontar ao movimento e, não podendo encontrar neles o mais tênue resquício de livre-arbítrio ou de espontaneidade, conclui de imediato sua inexistência geral, já que não pode detectar esta atividade psíquica que acaba de decompor. Por isso o seu crítico pergunta: "Este procedimento tão anticientífico não demonstra de maneira evidente seu caráter errôneo e falso?" Logo, submete uma correta argumentação segundo a qual:

> Nesta conjuntura e partindo do ponto de vista do presente método analítico, se teria o mesmo direito de negar todo fenômeno da Natureza sem exceção. Já que analogamente a cada processo químico, ao decompor-se, em seus respectivos elementos o som, a luz, o calor e a eletricidade, o experimentador não remonta ao mesmo movimento, onde as peculiaridades dos elementos dados desaparecem, deixando atrás somente as vibrações das moléculas? Mas tudo isto implica, necessariamente, que o calor, a luz e a eletricidade são simplesmente ilusões em

lugar de manifestações autênticas das peculiaridades de nosso mundo real? Obviamente, tais particularidades não se encontram nos elementos compostos, simplesmente porque não podemos esperar que uma parte contivesse todas as propriedades do inteiro. Que poderemos dizer de um químico que decompondo a água em seus constituintes, hidrogênio e oxigênio, ao não encontrar neles características particulares da água, sustenta a sua inexistência e não defectibilidade nesse líquido? Que pensaríamos de um arqueólogo que, ao examinar manuscritos antigos sem captar nenhum significado em cada letra separada, preconiza que qualquer documento impresso carece de sentido? O autor de "Psicofisiologia" não atua talvez desta maneira quando nega a existência do livre-arbítrio no ser humano, apoiando-se no princípio de que esta faculdade característica da atividade psíquica mais elevada está ausente nesses elementos compostos que tem analisado?

Não cabe a menor dúvida de que não podemos esperar, pelo menos das mãos de um químico, que nenhum fragmento separado de tijolo, madeira ou ferro, que em algum tempo fez parte de um edifício agora em ruínas, preserve a menor característica da arquitetura deste último, enquanto a conservaria nas mãos de um bom *psicometrista*. Seja dito, tal faculdade demonstra, de maneira muito mais poderosa que qualquer outra ciência física, a lei de conservação de energia, ensinando sua ação tanto nos mundos subjetivos e psíquicos quanto nos planos objetivos e materiais. Nesse plano, a origem do som deve remontar-se ao mesmo movimento, e a idêntica correlação de forças está ativa durante o fenômeno, como no caso de qualquer outra manifestação. Portanto, deveria o físico negar a existência do som, ao decompô-lo em seu elemento composto de vibrações e não encontrar nele nenhuma harmonia nem melodia especial? Isso não prova, talvez, que o método analítico, ocupando-se exclusivamente dos elementos sem considerar por completo suas *combinações*, induz o físico a falar loquazmente do movimento, da vibração e assim sucessivamente, fazendo perder completamente de *vista a harmonia produzida por certas combinações deste movimento* ou a "harmonia das vibrações"? Então, é correto acusar a psicofisiologia materialista de descuidar destas distinções muito importantes? Em manter que, se uma minuciosa observação dos fatos é um dever nos fenômenos físicos mais simples, quanto mais deveria ser quando se aplica a questões tão complexas e importantes como a força e as faculdades psíquicas? Mesmo na maioria dos casos, todas estas diferenças essenciais passam por alto, e a aplicação do método analítico se realiza de maneira arbitrária e parcial. Então não há que se maravilhar ao retroagir a ação psíquica aos seus elementos básicos do movimento, o psicofisiólogo, durante o processo, a despoja de todas suas características essenciais destruindo-a e, tendo-a destruído, é obvio que não encontre o que nela não mais existe. Em suma, ele esquece, ou melhor, deliberadamente ignora o fato de que, embora, como todos os fenômenos do plano material, as manifestações psíquicas *devem* se relacionar, em última análise, ao mundo da vibração (sendo o "som" o substrato do *Ākasha* universal), ainda assim, em sua origem, eles pertencem ao Mundo da Harmonia, diferente e superior. Elpay tem algumas sentenças severas contra as suposições daqueles que ele chama de "psicobiólogos", que são dignas de notas:

> Os psicobiólogos, inconscientes de seu erro, identificam os elementos compostos da atividade psíquica com essa mesma atividade, conduzindo-lhes então à conclusão de que, a partir do ponto de vista do método analítico, a peculiaridade mais elevada e característica da alma humana, o livre-arbítrio, a espontaneidade, é uma ilusão e não uma realidade psíquica. Contudo, como acabamos de mostrar, tal identificação não só não tem nada em comum com a ciência exata, como é simplesmente inadmissível, pois colide com todas as leis fundamentais da lógica, e em consequência, todas as chamadas deduções físico-biológicas, fruto de tal identificação, desaparecem no ar. Portanto, fazer remontar a ação psíquica primariamente ao movimento não comprova que o "livre-arbítrio é uma ilusão." E, analogamente ao caso da água, como não podemos negar a realidade de suas qualidades específicas, embora não sejam encontrados em seus gases compostos, portanto, não é possível recusar a realidade

> de sua espontaneidade psíquica, embora essa propriedade não esteja contida naqueles elementos finitos em que os psicofisiólogos dissecam a atividade em questão sob seu bisturi mental.

Segundo diz G.T. Ladd, este método é "um aspecto característico da ciência moderna que se esforça para satisfazer a investigação na natureza dos objetos examinados, descrevendo detalhadamente seu desenvolvimento". O autor de *Os Elementos de Psicologia Fisiológica* acrescenta:

O processo universal de *vir a ser* foi quase personificado e divinizado, de modo a torná-lo o verdadeiro terreno de toda existência finita e concreta. Semelhante intenção se propõe a retroagir todo o chamado desenvolvimento mental à evolução da substância cerebral, sob as causas puramente físicas e mecânicas. Esta tentativa nega, então, a necessidade de supor que algum Ser-Unidade real, chamado Mente, passe por um processo de desenvolvimento conforme suas próprias leis. [...] Por outro lado, muitas mentes consideram inadequado todo esforço para elevar-se à evolução física do cérebro, a fim de poder explicar o progressivo desenvolvimento da complexidade e universalidade dos fenômenos mentais. E nós não vacilamos em incluir-nos neste grupo. Naturalmente, devem-se admitir esses fatos, fruto da experiência, que demonstram uma correspondência na ordem do desenvolvimento corporal e mental e até mesmo certa dependência deste último com o primeiro. Mesmo assim, são igualmente compatíveis com outro ponto de vista do desenvolvimento da mente, o qual tem vantagens adicionais de criar espaço para muitos fatos posteriores, fruto da experiência, e que nenhuma teoria materialista dificilmente conciliará. Geralmente, *a historia das experiências de cada indivíduo é tal que é necessário supor um Ser-Unidade real, uma Mente que está passando por um processo de desenvolvimento relacionado com a mutante condição ou evolução cerebral; mas, assim mesmo, conforme uma natureza e leis próprias* (p. 616).

Na segunda parte deste artigo mostraremos como esta última "suposição" da ciência chega perto, de maneira estreita, aos ensinamentos da Filosofia Oculta. Entrementes, terminaremos respondendo à última concepção errônea materialista e que se resume em poucas palavras. Visto que toda ação psíquica tem por substrato os elementos nervosos, cuja existência ela postula e sem os quais não pode agir; pois a atividade dos elementos nervosos consiste simplesmente em movimento molecular, e não é, portanto, necessário inventar uma Força psíquica especial para explicar nosso trabalho cerebral. *O livre-arbítrio obrigaria a ciência a postular um Ser-Unidade invisível, um criador dessa Força especial.*

Concordamos, "sem a menor necessidade", com um criador "desta Força especial", ou de qualquer outra. Ninguém jamais afirmou tal desvario. Contudo entre *criar e guiar*, há uma diferença, e essa última não implica a criação da energia de movimento ou de qualquer energia especial. A mente psíquica (para distingui-la da mente *manásica* ou noética) apenas transforma essa energia do "Ser-Unidade", de acordo com "a Natureza e suas próprias leis", evocando a feliz expressão de Ladd. O "Ser-Unidade" não cria nada, simplesmente causa uma correspondência natural, em harmonia tanto com as leis físicas quanto com as suas próprias leis; ao usar a Força, orienta sua direção, escolhendo os caminhos ao longo dos quais atuará, assim, estimulando a atividade. Já que sua atividade é *sui generis*, e independente, transporta esta energia de nosso mundo de desarmonia para a sua esfera de harmonia. Se não fosse independente, não poderia fazê-lo; entretanto, sendo independente, a liberdade da vontade humana transcende a dúvida e os enredos. Portanto, como observamos, não é questão de criação, mas simplesmente de orientação. Poderíamos dizer que o timoneiro não dirige a embarcação porque não cria o vapor do motor?

Ao recusar acatar as falácias de alguns psicofisiólogos, o ponto principal da última palavra da ciência, fornecemos assim uma nova prova de que o livre-arbítrio será uma *alucinação*? Desdenhamos esta ideia animalesca. Muito mais científico e lógico, além de ser poético e grandioso, é o ensinamento no "*Kathopanishad*"[79] que, em uma bela e descritiva metáfora diz: "*Os sentidos são os cavalos, o corpo é a carruagem, a mente (Kāma-manas) são as rédeas e o intelecto (ou o livre-arbítrio) é o cocheiro.*" Na realidade, o menor dos "*Upanishads*"[80], composto há milhares de anos, está entranhado de uma ciência mais exata que todos os delírios materialistas da "psicobiologia" e "psicofisiologia".

---

[79] O *Katha Upanishad* (sânscrito) (*Kaṭhopaniṣad*) é um dos *mukhya* (primários) *Upanishads*, introduzido nas últimas oito seções curtas da escola *Kaṭha* do *Krishna Yajurveda*. Também é conhecido como *Kāṭhaka Upanishad*, e está listado como número 3 no cânone *Muktika* de 108 *Upanishads*. (Nota Ed. Bras.)

[80] *Upanishad* – surgiram como comentários sobre os *Vedas*, sua finalidade e essência, sendo, portanto, conhecidos como *Vedānta* ("o fim do Veda"). (Nota Ed. Bras.)

Ação Psíquica e Noética

2ª Parte (Nov/1890)

"[...] O conhecimento do passado, presente e futuro, está entranhado em Kshetrajña (o "Ser")".

Axiomas ocultos.

Nós, como ocultistas, tendo explicado as particularidades e por estarmos em desacordo com a psicologia fisiológica materialista, agora, podemos continuar a indicar a diferença entre as funções mentais, psíquicas e noéticas, mesmo que a ciência oficial não reconheça essas últimas.

Da mesma forma, os teósofos interpretam o termo "psíquico" e "psiquismo" de maneira um pouco diferente do público comum, da ciência e mesmo da teologia, a qual lhes transmite um significado, rechaçado tanto pela ciência como pela Teosofia, enquanto que as pessoas comuns continuam com uma concepção nebulosa no que concerne ao verdadeiro sentido desses termos. Segundo alguns, as palavras "psíquico" e "psicológico" encerram uma pequena ou nenhuma diferença, já que ambas se referem, de algum modo, à alma humana. Certos metafísicos modernos têm combinado, sabiamente, desvincular o termo Mente (*pneuma*), de (*psique*), sendo a primeira a parte espiritual racional e a outra, a psique, o princípio vivente no ser humano, o alento que o anima (do latim *anima*, alma). Então, sendo assim, como podemos nesse caso negar a alma aos animais? A eles, assim como ao ser humano, o mesmo princípio de vida consciente os anima, ou seja, o *nephesh* do segundo capítulo do Gênese. A alma não é, em nenhum sentido, a Mente; nem mesmo um idiota, desamparado desta, pode ser definido como um ser "*sem alma*." Ao descrever a alma humana, como o fazem os fisiologistas, em suas relações com os sentidos e os apetites, os desejos e as paixões, comuns aos seres humanos e ao bruto, e posteriormente dotando-a de um intelecto divino, com faculdades espirituais e racionais que podem remontar somente a um *mundo suprassensível* – implica cobrir perenemente o tema com um mistério impenetrável. No entanto, na ciência moderna, a "psicologia" e o "psiquismo" referem-se unicamente com as condições do sistema nervoso, sendo os fenômenos mentais atribuídos somente à ação molecular. Fisiologistas e psicólogos, formando um binômio, ignoram completamente o caráter noético superior do princípio mental, negando-o como "superstição". Com efeito, em muitos casos, a psicologia tornou-se sinônimo da ciência da psiquiatria. Portanto, os estudantes de Teosofia necessitando divergir de tudo isto, têm adotado a doutrina subjacente às filosofias consagradas do Oriente. Neste artigo explicaremos o que isto significa.

Com o fim de entender melhor as argumentações, tanto as anteriores como as seguintes, pedimos ao leitor que tome em consideração o editorial do número de setembro da revista *Lucifer* intitulado "O Aspecto Dual da Sabedoria", familiarizando-se então, com o duplo aspecto do que o [Apóstolo] Santiago Maior define em sua Terceira Epístola – a sabedoria terrestre e diabólica e a "sabedoria do alto".[81] Em outro Editorial (abril 1890), "A Mente Cósmica", também é afirmado que os antigos hindus dotavam de consciência todas as células no corpo humano, dando a cada uma o nome de um deus ou deusa. Falando de átomos em nome da ciência e da filosofia, o professor Ladd, em seu livro, os chama de "seres suprassensíveis." O Ocultismo considera cada átomo[82] uma "entidade independente" e a cada célula uma "unidade consciente." Isso explica que tão logo tais átomos se agrupam para formar células, essas adquirem uma consciência, cada uma de sua espécie, e de livre-arbítrio para agir dentro dos limites da lei. Ao mesmo tempo, não estamos inteiramente privados de evidências científicas para abalar tais declarações, como o demonstram os dois editorias acima citados. Além disso, atualmente, alguns

---

[81] Tg III; 13-18.

[82] Um dos nomes de *Brahma* é *anu* ou "átomo."

fisiólogos eruditos da minoria áurea estão rapidamente chegando à convicção de que a memória não tem sede, nenhum órgão especial próprio no cérebro humano, porém, que tem sede em todos os órgãos do corpo.

Segundo escreve o professor Ladd[83]: "Não existe nenhuma razão séria para falar de algum órgão ou centro especial de memória. Na realidade, cada órgão, área e limite do sistema nervo tem sua memória".

Portanto, a sede da memória, seguramente, não está aqui nem ali, mas em toda parte por todo o corpo humano. Localizar seu órgão no cérebro implica em limitar e diminuir a Mente Universal e seus inumeráveis Raios (*Mānasa-putra*), que iluminam cada mortal racional. Visto que escrevemos principalmente para os teósofos, nos interessa muito pouco os julgamentos psicofóbicos dos materialistas, os quais ao ler isso podem escarnecer com desdém das alusões acerca da "Mente Universal", bem como das almas noéticas superiores dos seres humanos. Perguntamos, então, o que é memória? Nós respondemos: "tanto a presença do sentido quanto a imagem da memória são fases transitórias da consciência". Assim, perguntamos novamente, o que é a consciência em si mesma? *"Não podemos definir a consciência"*, nos diz o professor Ladd.[84] Portanto, a psicologia fisiológica nos

[83] Professor de Filosofia na Universidade de Yale.

[84] Elementos de Psicologia Fisiológica.

pede que nos contentemos discorrendo sobre os vários estados de consciência valendo-nos das hipóteses alheias, privadas e inverificáveis. E isto no que concerne às "*questões de fisiologia cerebral, campo no qual os expertos e os neófitos são igualmente ignorantes*", usando uma observação mordaz de referido autor. Hipótese por hipótese, preferimos ficar com os ensinamentos de nossos Videntes, do que com as especulações dos que os negam, tanto a estes como à sua sabedoria. Especialmente quando o mesmo cientista honesto nos diz que "se a metafísica e a ética não podem ditar adequadamente seus fatos e conclusões à ciência tradicional da psicologia fisiológica... em troca, esta ciência não pode, propriamente, ditar à metafísica e à ética as conclusões que estas alegam aos fatos da consciência, expressando seus mitos e fábulas sob o aspecto de uma história bem certificada dos processos cerebrais".

No entanto, visto que os metafísicos da fisiologia e da psicologia oculta postulam, na pessoa mortal, uma entidade imortal, "a Mente divina" ou *Nous*, cujo pálido reflexo, frequentemente distorcido, é o que chamamos "Mente" e intelecto nos seres humanos. Praticamente é uma entidade separada da primeira durante o período de cada encarnação. Nós alegamos que as *duas* fontes de "memória" residem nestes *dois "princípios"*, que dividimos entre *Manas* superior (Mente ou Ego) e *Kāma–Manas*, o intelecto racional terrestre e físico do ser humano, aprisionado pela matéria e, consequentemente, subordinado à influência dessa. O primeiro é o Ser onisciente, aquele que reencarna periodicamente, em realidade o Verbo feito carne! E que é sempre o mesmo, enquanto o segundo, seu *doublé* refletido, é o que muda a cada nova encarnação. É a personalidade que fica consciente somente por um período de vida. Esse último "princípio" é o ser inferior que, ao se manifestar através de nosso sistema orgânico e atuando neste plano de ilusão, se imagina o EU SOU, caindo no que a filosofia define como a *heresia da separatividade*. Denominamos de INDIVIDUALIDADE ao *Manas* superior e à *Personalidade* ao inferior. Da Individualidade procede todo elemento noético, e da personalidade o psíquico, que é, no melhor dos casos, "a sabedoria terrena", visto que a influenciam todos os estímulos caóticos do humano, ou melhor, das paixões animais de um corpo vivo.

O "Ego superior" não pode agir diretamente sobre o corpo, já que a sua consciência pertence integralmente a outro plano e aos planos de ideação. O Ser "inferior" pode fazê-lo, e a sua ação e comportamento dependerão de seu livre-arbítrio e de sua escolha, ou seja, se gravitará mais para seu pai ("o Pai que está no céu") ou ao corpo "animal" que vivifica o ser de carne. O Eu superior, sendo parte da essência da Mente Universal é, incondicionalmente, onisciente em seu plano; enquanto é somente potencial em nossa esfera terrestre, já que deve agir unicamente através de seu *alter ego* (o outro EU), o ser pessoal. Então, o primeiro é veículo de todo o conhecimento passado, presente e futuro, e esta é a fonte da qual seu "duplo", ocasionalmente, discerne o que transcende os sentidos humanos, transmitindo-o a certas células cerebrais (cujas funções a ciência ignora), fazendo de um indivíduo um *Vidente*, um adivinho ou um profeta. Até mesmo a memória dos eventos pretéritos, especialmente aqueles terrenos, reside unicamente no ego pessoal. Nenhuma lembrança de uma função que seja puramente cotidiana, da natureza física, egoísta ou mental inferior – como, por exemplo, comer, beber, desfrutar de prazeres sensuais, fazer negócios em detrimento do próximo, etc. etc., tem algo a ver com a Mente superior ou Ego. Da mesma forma, em nosso Plano Físico, essa classe de memória está diretamente relacionada com os órgãos passionais, como o fígado, estômago e baço, e não com o cérebro ou coração, tendo em vista que esses dois são órgãos de um poder superior da *personalidade*. São apenas as formas superiores deste último, as experiências mentais suprassensíveis, que podem se correlacionar com os centros cerebral e cardíaco. Por outro lado, as memórias de atos físicos e egoístas (ou pessoais), concomitantemente com as experiências mentais da natureza e as funções biológicas terrenas, devem, necessariamente, correlacionar-se somente com a constituição molecular dos vários órgãos *Kâmicos* e com as "associações dinâmicas" dos elementos do sistema nervoso em cada órgão particular.

Portanto, quando o Professor Ladd, depois de mostrar que cada elemento do sistema nervoso tem sua própria memória, acrescenta: "Esta concepção pertence à essência de toda a teoria, segundo a qual a reprodução mental consciente é uma forma ou fase de um fato biológico da memória orgânica." Entre essas teorias deve-se incluir a doutrina oculta, uma vez que nenhum ocultista poderia expressar tal ensinamento mais corretamente que o professor, o qual, no final de sua argumentação, diz: "Então, poderíamos falar mais precisamente de órgão de memória da visão e da audição, da medula espinhal, chamada de diferentes "centros" de ação reflexa, e que pertencem às cadeias do tronco cerebral, da memória do cerebelo, etc." Esta é a essência do ensinamento oculto – mesmo nas obras tântricas. De fato, cada órgão do nosso corpo *tem sua própria memória*. Uma vez que está dotada de uma "consciência individual", cada célula deve necessariamente ter uma memória própria, assim como sua ação *psíquica e noética*. O impulso dado pela Força *psíquica* (ou psicomolecular) respondendo ao toque de uma força física ou de uma *metafísica*,[85] *atuará do exterior para o interior*, enquanto a Força Noética (ou deveríamos chamá-la de dinâmica-*Espiritual*?), vai operar do *interior para o exterior*. Portanto, como o nosso corpo é a base material dos "princípios" interiores, a alma, a mente, a

---

[85] Esperamos fortemente que: estes termos tão *anticientíficos* não causem um ataque de nervos *irrecuperável*, aos cientistas "Animalistas".

vida, etc., assim mesmo é a molécula ou a célula, o corpo em que vivem os seus "princípios", os quais (para os nossos sentidos e compreensão) são átomos imateriais que constituem esta célula. A Força psíquica ou Noética, que não mantém nenhuma relação com as células *físicas,* determina a atividade e o comportamento da célula, conforme ela impulsiona as unidades para o interior ou exterior. Assim, enquanto a célula física atua sob a lei inevitável da conservação e correlação da energia física, assim os átomos, sendo unidades *psicoespirituais e físicas*, operam *sob as suas próprias leis*, como faz o "Ser-Unidade" do Professor Ladd, o qual faz o nosso "Ego-Mente", em sua hipótese muito científica e filosófica. Cada órgão humano e cada célula nele contida tem seu teclado, como em um piano, a única diferença é que registra e emite sensações em lugar de sons. Cada tecla contém a potencialidade para o bem e para o mal, para produzir a harmonia ou a desarmonia. Isto depende do impulso dado, das combinações criadas e da força de toque do artista ativo, na realidade é uma "Unidade bifacial." E é a ação desta ou da outra "face" da Unidade que determina a natureza e o caráter dinâmico dos fenômenos que se manifestam como ação resultante, apesar de que sejam físicos ou mentais. Em realidade esta entidade com duas fases guia o ser humano por completo. Se o impulso precede da "Sabedoria superior," a Força aplicada é Noética ou Espiritual, e os resultados serão ações dignas do divino propulsor. Porém, se dimana da "diabólica sabedoria terrena" (o poder psíquico inferior), as atividades humanas serão egoístas, baseadas unicamente nas exigências de sua natureza física e, portanto, animal. O leitor comum considerará o anterior como disparate mesmo assim, cada teósofo deve entender o que implica quando se diz que nele se albergam órgãos *Manásicos e Kámicos*, as células de seu corpo respondem a impulsos tanto físicos como espirituais.

Em verdade, esse corpo, tão profanado tanto pelo materialismo como pelo próprio homem, é o templo do Santo Graal, o *Adytum* do maior mistério, ou melhor dizendo, de todos os mistérios da nossa Natureza neste Universo solar. Esse corpo é uma harpa Eólia dotada com dois tipos de cordas, sendo uma de prata pura e outra de tripa de gato. Quando o divino sopro *Fiat*[86] acaricia suavemente a primeira, o ser humano converte-se semelhante ao seu Deus, porém, a outra classe não percebe tal sopro. Para isso é necessário a brisa de um forte vento terrestre, impregnado de eflúvios, para fazer vibrar suas cordas animais.

É função da mente física inferior afetar os órgãos físicos e suas células; mas é apenas a Mente superior que pode influenciar os átomos que atuam nessas células, e

[86] *Fiat* – palavra latina que significa "seja feita a tua vontade". (Nota Ed. Bras.)

cuja interação é por si só capaz de estimular o cérebro através do *"centro" da medula espinhal*, por uma representação das ideias espirituais que transcendem qualquer objeto deste plano material. Os fenômenos da divina consciência devem ser considerados como atividades mentais num outro plano mais elevado, agindo através de algo menos substancial que as móveis moléculas cerebrais. Não podem ser explicados como o simples resultado do processo cerebral fisiológico, já que, na realidade, esse último simplesmente os condiciona ou lhes transmite uma forma final para que se manifestem concretamente. Segundo o ensinamento do Ocultismo, as células do fígado e do baço são as mais sobrecarregadas pela ação de nossa mente "pessoal", inferior, enquanto o coração é o órgão por excelência através do qual o Ego "superior" age mediante o ser inferior.

É impossível transmitir diretamente as visões ou a memória dos eventos puramente terrenos através das percepções mentais do cérebro, o qual é o receptor imediato das impressões do coração. Como já falamos, todas essas lembranças devem, em primeiro lugar, ser estimuladas e despertadas nos órgãos que foram os criadores das várias causas que conduziram aos resultados ou receberam e participaram diretamente desses. Em outras palavras, se o que chamamos "*associação de ideias*" desenvolve um papel importante no despertar da memória, a interação recíproca e consistente entre a "Entidade-mente" pessoal e os órgãos do corpo humano se reveste de um rol ainda mais significativo. Um estômago faminto evoca a visão do último banquete, porque sua ação é repetida e refletida na mente pessoal. Mas mesmo antes da memória do ser pessoal irradiar a visão das tabuletas que acumulam as experiências diárias nos seus mínimos detalhes, a memória do estômago já as evocou. Isto acontece com todos os órgãos do corpo, os quais originam, segundo suas necessidades e desejos animais, as faíscas eletrovitais que iluminam o campo da consciência no ego inferior e estas faíscas, por seu turno, ativam as lembranças contidas neste ego. Como já falamos, todo o corpo humano é uma ampla tabela harmônica, na qual cada célula conserva uma extensa série de impressões relacionadas com o órgão ao qual pertence e tem sua própria consciência e memória ou instinto, se assim preferir. Estas impressões são, segundo a natureza do órgão, físicas, psíquicas ou mentais, devido a sua relação com este ou outro plano. Poderíamos chamar "*estados de consciência*", simplesmente por insuficiência de uma melhor expressão, já que existem estados de consciência instintiva, mental e puramente abstrata ou espiritual. Se remontarmos todas estas ações "psíquicas" à atividade cerebral é porque nessa "mansão", chamada corpo humano, o cérebro é a principal e única entrada que se abre ao espaço. Todas as outras portas são internas, e elas servem como aberturas no edifício privado, através dos quais viajam incessantemente os agentes transmissores da memória e da sensação. A clareza, a vivacidade e a intensidade desses dependem do estado de saúde e da firmeza orgânica dos transmissores. Entretanto, a sua realidade, no que concerne à veracidade e à exatidão desta memória e sensação, deve-se ao princípio do qual emanam, e à preponderância no *Manas* inferior do elemento *noético* ou *frenético* ("*kâmico*", terreno).

Portanto, segundo ensina o Ocultismo, se a Entidade-Mente superior, permanente e imortal, é a essência homogênea e divina de "*Alaya-Ākasha*"[87], ou *Mahat* – seu reflexo, então, a Mente Pessoal, como "Princípio" temporário, é da Substância da Luz Astral. Como um raio puro do "Filho da Mente Universal", a Entidade-Mente superior não poderia desempenhar nenhuma função no corpo, permanecendo, desta forma, impotente sobre os órgãos turbulentos da matéria. Portanto, enquanto sua constituição interior é *Manásica*, o seu "*corpo, ou melhor dizendo, a sua essência operante, é heterogênea e embebida de Luz Astral, o elemento inferior do Éter*. Parte da missão do Raio *Manásico* consiste em clarificar, paulatinamente, o elemento cego e enganador, o qual, ainda que o tomemos como uma entidade espiritual ativa neste plano, o relaciona de uma maneira tão estreita com a matéria, nublando completamente sua natureza divina e neutralizando as suas intuições.

---

[87] Outro nome da Mente Universal.

Isto nos faz ver a diferença entre as visões puramente noéticas espirituais, daquelas psíquicas e terrenas da clarividência e da mediunidade. A primeira pode ser obtida recorrendo a um dos meios: **(a)** paralisando voluntariamente a *memória* e a ação instintiva e independente de todos os órgãos materiais e mesmo das células no corpo. Este ato resulta ser fácil, uma vez que a luz do Ego superior tenha consumido e subordinado para sempre a natureza passional do ego inferior pessoal, porém, para esse caso, é requerido um Adepto; e, **(b)** se o Ser é a reencarnação de alguém que, em um nascimento anterior, havia alcançado o estado de um iogue – um estado de santidade e de sacralidade, através de uma vida extremamente pura e de esforços na correta direção. Existe também uma terceira possibilidade de alcançar o Plano do *Manas superior* através de visões místicas; mesmo assim é somente ocasional e não depende da vontade do Vidente, mas da extrema fraqueza e exaustão do seu corpo material pela doença e sofrimento. A Vidente de Prevorst foi um exemplo desse último caso, enquanto que Jacob Boehme pertence à nossa segunda categoria. Todos os outros exemplos de vidência anômala, a chamada clarividência, clariaudiência ou transes são simplesmente *mediunidade*.

Então, o que é um médium? Este termo quando não usado para referir-se simplesmente a coisas ou objetos, pressupõe-se ser uma pessoa através da qual se manifesta ou se transmite a ação de outro indivíduo ou ser. Os espíritas, acreditando nas comunicações com os espíritos desencarnados, os quais podem manifestar-se através de sensitivos e transmitir a eles "mensagens", consideram a mediunidade como uma benção e um grande privilégio. Diferentemente disso, nós, os teósofos, que não acreditamos na "*união dos espíritos*", como o fazem os espíritas, consideramos este dom como uma das enfermidades nervosas mais perigosas e anormais. O médium é simplesmente uma pessoa, cujo ego pessoal ou mente terrena (*psyche*), no qual a porcentagem de luz astral é tão preponderante que impregna toda a completa constituição física. Portanto, isto harmoniza, por assim dizer, e subordina cada órgão e célula corporal a uma enorme tensão anormal. Assim, a mente encontra-se constantemente embebida no plano dessa luz enganadora cuja alma é divina, entretanto, seu corpo, as ondas de luz, nos planos inferiores, é infernal; pois eles são simplesmente os obscuros reflexos desfigurados das memórias terrenas. O destreinado olho do pobre sensitivo não pode penetrar na névoa escura, a densa neblina das emanações terrenas, para ver além no campo iridescente das verdades eternas. Sua visão está fora de foco. Seus sentidos, como aqueles dos nativos dos bairros pobres de Londres, familiarizados com o fedor e a sujeira[88], estão acostumados

[88] Lembramos que este artigo foi escrito em novembro de 1890. (Nota Ed. Bras.)

desde o nascimento às anormais distorções visuais e às imagens projetadas nas ondas do caleidoscópio do Plano Astral, portanto, são incapazes de discernir o verdadeiro do falso. Consequentemente, os pálidos cadáveres movendo-se nos campos sem pegadas do *Kāma-loka*, a eles parecem como as imagens vivas dos "queridos falecidos," os ecos deformados de vozes outrora humanas, passando por sua mente, sugerindo-lhe frases bem construídas, que ele repete, ignorando que sua forma final articulada foi recebida nos recônditos mais profundos de seu cérebro mecânico. Assim, o médium ao ver e ouvir o que, se observasse com a sua verdadeira natureza, lhe infundiria um profundo terror no coração, agora o enche com um sentido de uma bem-aventurança e confiança. Ele realmente acredita que os panoramas incomensuráveis que se desdobram a seus olhos são o verdadeiro mundo espiritual, a morada dos abençoados anjos desencarnados.

Pela insuficiência de espaço, nesse artigo, descrevemos os principais aspectos e fatos gerais da mediunidade, omitindo os casos excepcionais. Portanto, como num certo período de vida, desafortunadamente, passei, de maneira *pessoal*, através destas experiências, sustentamos que, *em geral, a mediunidade é muito perigosa e as experiências psíquicas, se aceitas sem discernimento, levam somente a enganar honestamente os demais*, uma vez que o médium é a primeira vítima do autoengano. Além do mais, uma associação excessivamente estreita com a Antiga Serpente Terrestre é infecciosa. Frequentemente, as correntes ódicas[89] e magnéticas da Luz Astral incitam ao homicídio, à embriaguez, à imoralidade e, segundo expressa Eliphas Levi, "*as forças cegas ativadas na Luz podem afetar as naturezas não totalmente puras por meio dos erros e pecados nela impressos*".

E é assim que o grande Mago do século XIX corrobora com o acima ao falar da da Luz Astral[90]:

> Temos dito que para adquirir o poder mágico são necessárias duas coisas: desvincular a vontade de toda escravidão e exercê-la com controle. Nossos símbolos representam a vontade soberana (do Adepto) pela mulher que esmaga a cabeça da serpente, e pelo anjo resplandecente que reprime o dragão subjugando-o debaixo do seu pé e da sua lança. As antigas teogonias ilustravam o grande agente mágico, a corrente dual da luz, o *fogo* vivente e astral da terra, por meio da serpente com uma cabeça de touro, de carneiro ou de cachorro. É a dupla serpente do *caduceu*; é a Antiga Serpente do *Gênesis*; mas é também *a serpente de bronze de Moisés*, entrelaçada ao redor do *Tau*, o *linga* gerador. Igualmente é o cabrito macho do *sabbath* das bruxas e o *Baphomet* dos templários, é o *Hylé*

---

[89] Energia ódica: nome dado no século 19 a uma energia hipotética (hoje não reconhecida pela medicina), que seria irradiada por algumas substâncias influindo sobre o sistema nervoso das pessoas, quanto mais sensíveis elas forem. (Nota do tradutor)

[90] LÉVI Eliphas *O Dogma e Ritual da Alta Magia,* Ed. Pensamento, São Paulo. (Nota Ed. Bras.)

dos gnósticos, a serpente com duas caudas que formam as pernas do galo solar de Abraxas, enfim, é o Diabo de M. Eudes de Mirville. Mas, na realidade, é a força cega que as almas (o *Manas* inferior ou *Nephesh*) devem conquistar para desvincular-se dos laços terrenos e, se sua vontade não se liberar *dessa atração fatal*, a força que as produziu as absorverá e *voltarão ao fogo central e eterno*.

O "fogo central e eterno" é essa Força desintegradora que, gradualmente, consome e destrói o *Kāma-rupa* ou personalidade, no *Kāma-loka*, para aonde vai após a morte. E, em verdade, a atração que os médiuns sentem para a luz astral é a causa direta de que suas "almas" pessoais estão absorvidas "pela força que tem produzido" seus elementos terrenos. Portanto, como foi dito pelo ocultista:

> Todas as operações mágicas consistem *em libertar-se* das espirais da Antiga Serpente e depois colocar o pé sobre sua cabeça e guiá-la segundo a vontade do operador. No mito do Evangelho, a Serpente diz: "Eu vou dar-te todos os reinos da Terra se te prostrares e me adorares". O Iniciado deveria responder: "Não me prostrarei, mas tu te curvarás aos meus pés. A mim não darás nada; mas te usarei e tomarei o que desejo já que sou o *teu Senhor e Mestre*"!

Assim o *ego pessoal*, unindo-se com seu pai divino, o EU superior, compartilha sua imortalidade. De outra maneira ....

Dissemos o suficiente. Bem-aventurado aquele que se familiarizou com os poderes duais ativos na Luz Astral; três vezes abençoado é aquele que aprendeu a discernir a ação *Noética* da *psíquica*, do Deus com "Dupla Face" que nele reside e que conhece a potência do seu próprio Espírito – ou "Dinâmica da Alma".

O Aspecto Dual da Sabedoria

Não há dúvida de que sois a voz do povo; e que a sabedoria morrerá com vocês.

Jó XII, 2

As crianças da sabedoria a reivindicaram.

Mateus XI, 19

É privilégio dos editores – como também às vezes um inconveniente – receber numerosas cartas de sugestões, e os responsáveis da revista *Lucifer* não têm escapado à tal sorte. Os instruídos nos aforismos das idades sabem que "*quem pode aceitar uma sugestão é superior a quem a dá*". Portanto estão capacitados para acolher com gratidão qualquer conselho sensato e prático oferecido pelos seus amigos. Contudo, a última carta recebida não cumpre tal condição. O nosso conselheiro não preconiza sua sabedoria, mas a da própria época em que vivemos, razão pela qual ele arrisca seriamente sua reputação de observador perspicaz, imolando tal devoção no altar das modernas pretensões. É em defesa da "sabedoria" de nosso século que estamos sendo repreendidos e acusados de "preferirmos a antiguidade bárbara à nossa civilização moderna e a seus inestimáveis benefícios", esquecendo que "a sabedoria atual, comparada com os instintos incipientes do passado, não é em nada inferior à *sabedoria filosófica* da época de Platão". Enfim, ele diz que nós, teósofos, "temos demasiado carinho pelo passado e mantemos uma atitude injusta para nosso glorioso (?) presente, o zênite rutilante da civilização e da cultura!"

Pois bem, tudo isto é uma questão de gosto. Nosso correspondente é livre de expor suas ideias, mas nós apelamos ao mesmo direito. Se ele quiser, pode imaginar que a Torre Eiffel reduz a Pirâmide de Ghizé a um montículo, enquanto os jardins do Palácio de Cristal convertem aqueles suspensos da Babilônia de Semíramis em um simples pomar. Contudo, se ele nos "desafiar" seriamente a demonstrar "em que sentido a nossa época de contínuo progresso e pensamento gigantesco" é inferior aos períodos de um "Sócrates dominado e um

Buda sentado em posição de lótus", iremos respondê-lo, dando-lhe, obviamente, nossa opinião pessoal. Claro, o progresso do qual ele fala está um pouco contaminado pelos nossos *Huxleys*, acusados pelos nossos *Spurgeons*[91], pelas senhoras universitárias, pelos clássicos *seniors* e pelos questionadores, acusando-os de "serventes religiosos fanáticos".

Como dizemos, a nossa época atual é inferior a qualquer outra sabedoria, já que professa, de maneira cada vez mais aberta, *o desdém pela verdade e pela justiça, sem as quais não pode existir sabedoria.* Com efeito, a nossa civilização edificada sobre o engano e a aparência é, no melhor dos casos, como um belo atoleiro verde, um pântano mortal dissimulado. Este é o século da cultura e adoração pela matéria, enquanto nos oferece prêmios e incentivos em favor de cada "*coisa melhor*" debaixo do Sol, desde o maior bebê, a orquídea mais formosa, até o mais forte do boxeador ou o porco mais gordo. Não fornece nenhum incentivo em favor da moralidade, não confere nenhum prêmio para a virtude.

Embora existam sociedades a fim de prevenir a crueldade perpetrada aos animais, carece totalmente de sociedades cujo objetivo contemple a prevenção da crueldade moral infringida aos seres humanos. Fomenta, legal

[91] Referência a **Charles Haddon Spurgeon** (1834-1892), pastor e pregador evangelista de nacionalidade inglesa. Tornou-se famoso na época por seus discursos livros e conferências. (Nota do tradutor)

e tacitamente, o vício sob qualquer forma, a partir da venda de uísque até a prostituição e o roubo forçado por causa dos irrisórios salários, enormes impostos, aluguéis e outros artigos de comodidade do nosso atual período de cultura. Enfim, esta é a idade a qual, mesmo que se proclame a liberdade física e moral, é a mais feroz que jamais se viu.

A escravidão do Estado e dos *homens* desapareceu, apenas para dar espaço para a escravidão às *coisas* e ao *eu*, aos próprios vícios, costumes e hábitos sociais idiotas. A civilização rápida, adaptada às necessidades das classes altas e médias, tem em troca condenado as massas famintas a uma miséria ainda maior. Ao unificar as duas classes anteriores tem fomentado o descuido com a essência em favor da forma e da aparência, forçando o indivíduo moderno a problemas repugnantes, a uma dependência servil para as coisas inanimadas, cujo uso e servidão constituem o primeiro dever de todo ser humano *culto* desta degenerada época atual.

Então, onde está a sabedoria de nossa era moderna?

De fato, algumas linhas são necessárias para mostrar porque nos curvamos diante da *Antiga Sabedoria*, enquanto nos recusamos, por completo, a ver o menor indício desta sabedoria existente na nossa civilização moderna. Para começar, o que o nosso crítico quer dizer quando usa a palavra "Sabedoria"? Embora jamais admiremos *Lactâncio*[92], que se expressava de maneira inconveniente, por razoáveis motivos devemos reconhecer que até esse inocente *padre da Igreja*, não obstante seus impropérios sarcásticos sobre o sistema heliocêntrico, deu uma definição correta do termo: "*O primeiro ponto da Sabedoria consiste em discernir o que é falso e o segundo reconhecer o que é verdadeiro*". Se for assim, que possibilidade tem nosso século de falsificação, da Bíblia revisada até a manteiga natural, para reivindicar a "Sabedoria"? Mas antes de fomentar uma controvérsia sobre o tema seria bom dar a nossa definição do termo.

Façamos a premissa dizendo que a Sabedoria é, na melhor das hipóteses, uma palavra elástica, no mínimo no emprego dos idiomas europeus, o qual não confere nenhuma ideia clara acerca de seu significado, a menos que seja precedida ou seguida por um adjetivo qualificativo. Na Bíblia a palavra equivalente a *Chokmah* (no grego *Sophia*), aplica-se a coisas muito distintas, abstratas e concretas. Assim, constatamos que a "Sabedoria" caracteriza tanto a Inspiração Divina como também a destreza e a astúcia terrestres. Significa o conhecimento secreto das ciências esotéricas, e também a fé cega, "*o temor do Senhor*" e o receio dos magos do Faraó. O termo é atribuído, indistintamente, tanto a Cristo quanto à fei-

[92] Lúcio Célio Firmiano Lactâncio (240-320 DC) foi conselheiro do primeiro imperador cristão (Constantino), guiando sua política religiosa que começava a se desenvolver. (Nota do tradutor)

tiçaria, uma vez que a bruxa Sedecla também é definida como "a *sábia* de En-Dor". Desde os primórdios da antiguidade cristã, começando com São Tiago (III; 13-17)[93] até o último pregador calvinista, que vê no inferno e na condenação eterna uma prova da "*Sabedoria* do Todo-Poderoso". Contudo, São Tiago apresenta duas classes de sabedoria; um ensinamento com o qual concordamos. Ele desenha uma profunda linha de demarcação entre a "*Sophia divina ou noética*" – a Sabedoria do alto – e aquela terrena, psíquica e diabólica (Tg III,15). Para o verdadeiro teósofo, existe somente a primeira classe de sabedoria. Será que se poderia declarar, juntamente com Paulo, quando ele fala ser essa sabedoria unicamente entre aqueles "*que são perfeitos*", ou seja, os iniciados nos mistérios ou no mínimo familiarizados com o ABC, das ciências sagradas? Contudo, por maior que tenha sido seu erro, por mais prematura que seja sua tentativa de semear *as sementes da verdadeira e da eterna gnose* em um terreno não preparado, suas motivações eram boas e suas intenções altruístas, *razão pela qual* o lapidaram. Mas seu caso foi diferente. Em verdade, se tivesse tratado de pregar alguma fantasia de sua própria invenção ou se o tivesse feito por lucro, quem, dentre as centenas de outras seitas falsas, "coletas" diárias e "sociedades" loucas, o

---

[93] Tg III,17 – A Sabedoria que vem do alto é, antes de tudo, pura, depois pacífica, indulgente, conciliadora, cheia de misericórdia e de bons frutos, isenta de parcialidade e de hipocrisia.

teria identificado ou procurado revelar? Entretanto, seu caso era diferente. Por mais cauteloso que tenha sido, ele ainda não transmitia "*a sabedoria deste mundo*", mas a Verdade e a "*Sabedoria Oculta* [...] que nenhum príncipe deste mundo conhece" (I Corinto, II); e, muito menos os *arcontes* de nossa ciência moderna. No que diz respeito à sabedoria "*psíquica*," que São Tiago define como terrena e diabólica, sua existência é perceptível em todas as épocas, desde os dias de Pitágoras e Platão, quando para cada *filósofo* se tinha nove *sofistas*, até nossa era moderna. Tal Sabedoria está à disposição de nosso século e, na realidade, tem todo o direito de revindicá-la. Além do mais, é simples disfarçar-se com ela; nunca existiu um período, como o atual, no qual os corvos se recusaram a vestir-se com plumas de um pavão real, se tal oportunidade for assim oferecida.

Mas como então, no momento, temos o direito de analisar os termos usados e investigar nas palavras do livro de Jó essa sugestiva alegoria de purificação *kármica* e ritos *iniciáticos*: "Onde encontrar o lugar da verdadeira Sabedoria?" Assim, respondendo novamente com suas próprias palavras: "A Sabedoria *está* com o ancião e a compreensão com a extensão dos dias" (Jó XXVIII, 12 e XII,12).

Novamente, temos que qualificar um termo duvidoso, a saber: a palavra "ancião", e, então, explicá-lo. Segundo a hermenêutica das Igrejas ortodoxas, nas palavras de Jó tem um significado; mas para o cabalista tem outro muito diferente; na Gnose do ocultista e do teósofo tem uma terceira acepção muito diferente, a mesma entranhada (nas entrelinhas) no *Livro de Jó*, original, na obra pré-Mosaica e em um reconhecido tratado sobre a Iniciação. Portanto, o cabalista aplica o adjetivo "ancião" ao Verbo Manifestado ou ao *Logos* (*Dabar*), da deidade perenemente escondida e incognoscível. Daniel o usa em uma de suas visões, quando fala de Iahvé – o Adão Kadmon andrógino. O Eclesiástico o relaciona com o Jehová antropomórfico, o "Senhor Deus" da Bíblia *traduzida*. Mas o ocultista oriental usa o termo místico, somente quando se refere ao Ego superior que se reencarna, já que a Sabedoria divina se espalhando pelo Universo infinito e sendo nosso *Ser Superior impessoal, uma parte integrante desta, a Luz* Átmica *do Ser Superior,* pode centralizar-se somente nisso que, mesmo sendo eterno, é ainda individualizado, isto é, o *Princípio Noético, o Deus* manifestado em cada ser racional, o nosso *Manas* superior unido com *Buddhi*. Esta luz coletiva é a "Sabedoria do alto", a qual, cada vez que desce sobre o ego pessoal o transforma em "puro, suave e gentil". Daqui deriva a afirmação de Jó de que "*a Sabedoria está com o Ancião*", ou *Buddhi-Manas*. Já que o "Eu" Espiritual Divino é o único eterno, permanecendo inalterado durante todos os renascimentos, enquanto as personalidades que ele ilumina em sucessão

são evanescentes e efêmeras como as sombras de uma série de formas caleidoscópicas numa lanterna mágica. É o "Ancião", porque apesar de qualquer nome que se lhe atribua – Sophia, Krishna, Buddhi-Manas ou Christos – é sempre o "primogênito" de *Alaya-Mahat*, a Alma Universal e a Inteligência do Universo. Portanto, a interpretação esotérica das palavras de Jó é: "a Sabedoria *está* com o Ancião (o Ego superior do indivíduo), enquanto a compreensão dessa se encontra na extensão dos dias (ou no número das suas reencarnações)". *Ninguém pode aprender a verdadeira e última Sabedoria numa vida.* Também, em cada novo renascimento, mesmo que reencarnemos com uma boa ou má sorte, é sempre uma lição ulterior que recebemos por parte da Vida *kármica*, mestra austera, porém, sempre justa.

Mas o mundo – pelo menos o ocidental – nada sabe disso e se recusa a aprender qualquer coisa, pois considera alguma noção do Ego Divino ou a pluralidade de seus nascimentos um "desatino pagão". O Ocidente recusa estas verdades e está disposto a reconhecer somente os *sábios* que produz, criados à sua imagem e nascidos em sua era de ensinamentos cristãos. A única "sabedoria" que entende e pratica é a psíquica, a sabedoria que São Tiago define "*terrena e diabólica*", convertendo a outra, a única *real e verdadeira*, em um termo errôneo e uma degradação. Mesmo sem considerar seus múltiplos aspectos em nosso globo de barro existem também duas classes de sabedoria "terrena", aquela real e aquela aparente. Até mesmo o observador superficial, deste mundo atarefado e prático, dar-se-á conta da ampla lacuna que existe entre as duas, e de que poucas pessoas estão dispostas a vê-la! A razão para isto é muito natural, o egoísmo humano é tão forte que, cada vez que o mais diminuto interesse pessoal esteja implícito, as pessoas tornam-se cegas e surdas à verdade, consciente ou inconscientemente. Ao mesmo tempo, muitas pessoas não são capazes de reconhecer, tão rapidamente como seria conveniente, a diferença entre os sábios e os que *parecem sê-lo*, sendo os últimos considerados como tal, porque eles são muito espertos em tocar sua própria trombeta. Isto em relação à "*sabedoria*" no mundo profano.

No que concerne ao mundo dos estudantes das ciências místicas, a situação é ainda muito pior. Desde a antiguidade, as coisas estranhamente mudaram, quando os verdadeiros sábios consideravam como seu primeiro dever ocultar seu conhecimento, acreditando ser demasiado sagrado sequer mencioná-lo entre as multidões. Enquanto o *rosacruz* medieval, o verdadeiro filósofo, tendo presente o ensinamento do antigo Sócrates, diariamente repetia que o que apenas sabia é que *que nada sabia*; hoje, seus pretensos seguidores modernos, valendo-se da imprensa e do público, anunciam a completa inexistência destes mistérios na Natureza e de suas Leis Ocultas, que, além disso, ignoram. Houve um tempo em que para adquirir a Sabedoria Divina (*Sapiência*) exigia-se o sacrifício e a devoção de toda uma vida, e dependia da pureza dos motivos do candidato, sua intrepidez e independência de espírito; enquanto que, hoje, para receber um diploma de sabedoria e de adepto somente é exigida uma imprudência petulante. Atualmente, uma maioria regular de votos profanos e de incautos facilmente enredados decretam e conferem a quem se diz "Adepto" um certificado de "sabedoria divina"; enquanto um conjunto de gralhas expulsas do Templo da Ciência gritará ao mundo, em cada mercado e feira.

Tanto no passado como hoje, seremos ridicularizados se dissermos publicamente que o genuíno e sincero observador da vida e de seus fenômenos subjacentes, o colaborador inteligente da Natureza, poderá, por tornar-se um *expert* nos seus mistérios, converter-se em um "sábio", no sentido terreno do termo, porém, um materialista nunca arrancará da Natureza algum segredo de um plano superior. Além disso, seus interlocutores o considerarão, rapidamente, um candidato ao manicômio, caso você declare que nenhuma *Sabedoria do alto* desce a nenhum ser, a menos que este cumpra com a condição *sine qua non* de deixar no umbral do Oculto cada átomo de egoísmo ou desejo com propósitos e benefícios pessoais. Contudo, esta é uma antiquíssima verdade.

A Natureza revela seus segredos mais recônditos e derrama a verdadeira Sabedoria somente àquele que busca a verdade por si mesmo, e aspira ao conhecimento com o fim de outorgar benefícios aos outros, e não para a sua própria personalidade medíocre. Em virtude de que quase todo candidato ao estado de Adepto e à magia procura, justamente, este benefício pessoal, e que, infelizmente, são poucos os que chegam a apreender a um custo tão elevado, em troca de um benefício tão pequeno, durante cada século, os verdadeiros sábios ocultistas diminuem, cada vez são mais rarefeitos. Quantos existem, na realidade, que prefeririam a fama fátua e temporal de uma luz constante e sempre crescente do eterno e divino conhecimento, se esta Luz devesse permanecer para eles uma virtude oculta, exceto para si mesmo?[94]

O mesmo se aplica ao mundo da ciência materialista, onde se constata a escassez de verdadeiros estudiosos e uma série de cientistas superficiais, que exigem ser considerados como um Arquimedes ou um Newton. *Como é acima, assim é embaixo*. Por mais desagradável que isso seja – você pode contar nos dedos de uma mão – os estudiosos que, impulsionados pelo amor à Verdade e aos fatos, buscam o conhecimento sem querer receber a glória duvidosa de impor ao mundo os seus *hobbies* pes-

---

[94] Os homens de ciência buscam o brilho e o reconhecimento do mundo profano, a glória mundana, com raras exceções.

soais favoritos; enquanto há uma legião de impostores. Atualmente, as buscas para a aprendizagem parece construírem-se através da sugestão do princípio hipnótico em lugar do verdadeiro mérito. As massas se prostram covardemente frente àquele que a elas se impõe, razão pela qual temos tal galáxia de seres considerados eminentes no campo científico, artístico e literário; e se eles são tão facilmente aceitos, é precisamente devido à autoafirmação e a presunção de cada um deles. Uma vez minuciosamente analisados, quantos deles, em verdade, merecem o qualificativo de "*sábios*", mesmo na sabedoria terrena? Quantos, perguntamos, das chamadas autoridades e "*líderes da humanidade*", se mostrariam melhores que aqueles acerca dos quais um "sábio" em verdade diz: "*eles são cegos guiando cegos?*" Fica assim plenamente demonstrado que nem os ensinamentos de nossos Mestres e nem os dos modernos pregadores constituem "*a Sabedoria do alto.*" A prova disto não deriva de nenhuma incorreção pessoal, tanto em suas declarações quanto em seus disparates na vida, já que "errar é humano", porém, pelos fatos incontroversos. A *Sabedoria e a Verdade* são termos sinônimos, e o que é falso e deletério não pode ser *sábio*.

Portanto, se for verdade, conforme nos é dito por um famoso representante da Igreja da Inglaterra, que o *Sermão da Montanha* significaria, em sua aplicação prática, na ruína completa de seu país em menos de três semanas; e, se não é menos verdadeira, a declaração de um crítico literário da ciência, segundo o qual "o atual livro de A. R. Wallace representa um golpe mortal ao Darwinismo", um evento que já tinha sido previsto por Quatrefages – então, só nos resta escolher dois caminhos. Existe, no entanto, um terceiro aberto, ou seja, fingir que acreditamos em ambos ao mesmo tempo, e nada dizer, como muitos fazem; mas isso seria pecar contra a Teosofia, favorecendo os preconceitos da sociedade – e isso nós recusamos a fazer. Além disso, nós declaramos de forma aberta, independentemente de tudo, que nenhum dos dois, teólogos e cientistas, considerando a situação, tem o direito de afirmar que uma pregação é fruto da inspiração divina, enquanto a outra expressa a ciência exata, sendo que a primeira, a ética de Cristo, como reconheceu o teólogo inglês, é prejudicial para os seres humanos e para os estados; e a outra (na pessoa do eminente naturalista A. R. Wallace, como mostrado por Samuel Butler)[95], ensina que a evolução darwinista – um sistema no qual, aliás, eles já não acreditam mais – *nunca existiu na Natureza*, se é que os adversários do darwinismo estão certos.

No entanto, caso alguém se atreva a chamar de "insensato" ou "falso" as autoridades mundialmente escolhidas, ou declarar suas respectivas políticas desonestas, essa pessoa se veria prontamente reduzida ao silêncio.

---

[95] Veja-se "The Deadlock of the Darwinism", de Samuel Butler, na *Universal Review* de abr/1890.

Colocar sob suspeita a sabedoria exaltada do Cardeal Newman ou da Igreja da Inglaterra ou ainda de algum dos nossos cientistas modernos, implica em pecar contra o Espírito Santo e a Cultura. Desgraçado é aquele que se recusa a reconhecer o "Eleito" do Mundo. Ela deve prostrar-se frente a um ou a outro; contudo, se um for verdadeiro, o outro *deve necessariamente* ser falso. E se tanto a "sabedoria" do bispo como a do cientista não vem "*do alto*", conforme demonstrado, – então, na melhor das hipóteses – são apenas "*terrena, psíquica e diabólica*".

Entretanto, os nossos leitores devem estar cientes de que nada do que já foi dito significava um sinal de desrespeito pelos *verdadeiros* ensinamentos de Cristo ou da *verdadeira* ciência; nem julgamos as personalidades envolvidas, mas antes, os sistemas do nosso mundo civilizado. Valorizando a liberdade de pensamento acima de todas as coisas, como a única forma de alcançar em algum futuro remoto essa Sabedoria Superior, pela qual todo teósofo deveria ser apaixonado. Reconhecemos o mesmo direito de liberdade para os nossos inimigos e nossos amigos. Tudo o que nós refutamos é a sua reivindicação à Sabedoria, como nós entendemos o termo.

Ao mesmo tempo, não culpamos os "sábios" de nossa época mas sim nos compadecemos deles, no mais recôndito de nosso coração, dedicados a comportarem-se conforme o único parâmetro que lhes permite manter-se no topo de suas "autoridades". Uma vez que não poderiam, mesmo se assim o desejassem, de agir de maneira diferente e, assim, preservar seu *prestígio* entre as *massas,* ou de escapar de serem rapidamente banidos pelos seus colegas. O espírito partidário é tão forte, no que se refere às antigas ruínas e hábitos, que encaminhar-se ao longo de um caminho lateral implica numa deliberada traição para com esse. Portanto, para ser considerado, hoje em dia, como uma autoridade em algum assunto em particular, o cientista tem que rejeitar, e se recusam de bom grado a metafísica, e o teólogo deve demonstrar desdém pelos ensinamentos materialistas. Tudo isto é a política mundana, e é o sentido comum prático, mas isso não é a Sabedoria de Jó nem a de São Tiago.

Será então considerado muito exagerado, se, baseando nossas palavras em uma observação e experiência ao longo de uma vida, nos atrevêssemos a oferecer nossas ideias sobre o método mais rápido e eficiente para obter o respeito universal do mundo e nos tornar uma "autoridade"? Demonstre a mais terna consideração pelos podres dos vários partidos e ofereça-se como o principal algoz, o verdugo das reputações dos homens e das coisas consideradas impopulares. Aprenda que o grande segredo do poder consiste na arte de ceder aos preconceitos populares, às simpatias e às antipatias do mundo. Uma vez cumprida esta condição principal, aquele que a pratica, certamente, atrairá para si as pessoas cultas e seus guarda-costas – os menos instruídos – cujo papel consiste em colocar-se, invariavelmente, no lado seguro da opinião pública e isso os conduzirá a uma perfeita harmonia de ação simultânea. Já que, enquanto a atitude favorita das pessoas cultas é abrigar-se atrás dos baluartes intelectuais dos líderes mais amados do pensamento científico, e "*jurae in verba magistri*"[96], a dos indivíduos menos instruídos consiste em transformar-se no eco fiel e mecânico dos seus superiores, repetindo, como papagaios bem treinados, os *vereditos* de seus líderes imediatos.

O então preceito do famoso diretor de teatro Artemus Ward tem-se convertido em um aforismo – "você me ajuda, senhor Editor, e eu o ajudarei" – e isso demonstra a sua verdadeira imortalidade. A "estrela nascente", seja um teólogo, um político, um autor, um cientista ou um jornalista, deve começar gratificando os gostos e os anseios do público, um método hipnótico tão antigo como a vaidade humana. Gradualmente as massas hipnotizadas começam a sussurrar preparando-se para a "sugestão". Sugira o que você quiser que acreditem e, prontamente, começarão a corresponder às suas carícias, sussurrando então para a suas ideias favoritas, agradando a qualquer coisa sugerida pelo teólogo, o político, o autor, o cientista ou o jornalista. Tal é o segredo simples para florescer como uma "autoridade" ou como um "lí-

---

[96] *Jurae in verba magistri* (locução latina) – jurar pelas palavras do Mestre. (Nota Ed. Bras.)

der dos homens", e esse é o segredo da nossa "moderna sabedoria".

E esse é também o "segredo" e a "verdadeira" razão da impopularidade da revista *Lucifer*, e do ostracismo que o mesmo mundo moderno inflige à Sociedade Teosófica; e nem a *Lucifer* e nem a Sociedade a que ela pertence jamais têm seguido os preceitos dourados de Artemus Ward. Nenhum teósofo de fato consentiria em tornar-se um ídolo de uma doutrina da moda, nem se sujeitaria a uma letra morta de um sistema decadente, cujo espírito desapareceu para sempre. Não gratificaria a nada nem a ninguém. Tampouco cederia a alguém ou a alguma coisa e, portanto, sempre se recusaria a demonstrar crença naquilo em que não acredita, nem pode acreditar, o que representaria mentir para sua alma. Consequentemente, ali onde os outros veem "a beleza e a graça da cultura moderna", o teósofo percebe unicamente a feiura moral e as bobagens dos palhaços dos assim chamados centros culturais. Para ele nada se aplica melhor à sociedade moderna da moda do que a descrição de Sydney Smith no tocante ao ritualismo papista: "postura e impostura, flexão e genuflexão, curvando-se à direita, fazendo reverência à esquerda e uma imensa quantidade de chapelaria masculina (e especialmente feminina)". Pode haver, sem dúvida, para algumas mentes mundanas, um grande encanto na civilização moderna; mas para o teósofo todas as suas recompensas dificilmente poderão amortecer os males que ela trouxe. Esses males são tão abundantes que os limites deste artigo são insuficientes para enumerar esses descendentes da cultura e do progresso da ciência física, cujas últimas realizações começam com a vivissecção e terminam com o melhoramento do homicídio por meio da eletricidade.

Sem dúvida, a nossa resposta não está calculada para que nos acarrete mais amigos do que inimigos, mas isso dificilmente pode ser evitado. É possível considerar nossa revista como "pessimista", porém, ninguém pode acusá-la de publicar calúnias ou mentiras, ou, de fato, qualquer coisa que não seja o que honestamente acreditamos ser verdade. Seja como for, esperamos que nunca nos falte coragem moral na expressão de nossas opiniões ou na defesa da Teosofia e de sua Sociedade. Que os nove décimos da população mundial despertem contra a Sociedade Teosófica em qualquer lugar que ela apareça, e mesmo assim, nunca poderão suprimir as verdades que ela exprime. Que as massas crescentes do materialismo, os partidários do Espiritismo, todas as congregações eclesiásticas, os fanáticos, os iconoclastas, os adoradores da senhora Grundy, os seguidores amantes da competição e os discípulos cegos, denigram, abusem, mintam, denunciem e publiquem toda falsidade debaixo de nosso sol – eles não erradicarão a Teosofia e nem mesmo perturbarão sua Sociedade, se seus membros permanecerem unidos. Que mesmo amigos e "*conselheiros*", como esse ao qual contestamos, se afastem desgostosos daqueles a quem eles em vão se dirigem – não importa, pois nossos dois caminhos na vida correm diametralmente opostos. Que ele se atenha à sua sabedoria "terrena"; nós aderimos àquele raio puro "*que vem do alto*", *da luz do "Ancião*."

Na realidade, perguntamos: que relação tem a verdadeira Sabedoria, a nossa *Teosofia*, esta Sabedoria "*que transborda de misericórdia e de frutos benéficos, isenta de parcialidades e hipocrisia*" (São Tiago III, 17), com este nosso mundo cruel, egoísta, astuto e hipócrita? Qual é o denominador comum entre a divina *Sophia* e os melhoramentos da civilização e da ciência moderna; entre o espírito e a letra que mata? Tanto mais que, neste estágio de evolução, o homem mais sábio da terra, segundo o sábio Carlyle, é "apenas uma criança inteligente soletrando letras de um livro profético e hieroglífico, cujo léxico se entranha na *eternidade*."

Diálogo entre as duas editoras[97] de Lucifer

Sobre os corpos astrais, ou Doppelgängers

MC: Existe uma grande confusão na mente das pessoas sobre os vários tipos de aparições, espectros, fantasmas ou espíritos. Não deveríamos explicar de uma vez por todas o significado desses termos? Você diz que há vários tipos de "duplos", o que eles são?

HPB: Nossa Filosofia Oculta nos ensina que existem três tipos de "duplos", para usar a palavra em seu sentido mais amplo. Primeiro, o homem tem o seu "duplo" ou *sombra*, propriamente dito, em torno do qual o corpo físico do *feto* – o homem do futuro – é construído. A ideia da mãe, ou um acidente que afete a criança, afetará também o corpo astral. O corpo astral e o físico existem antes que a mente tenha sido desenvolvida através de ações, e antes que *Ātmā* desperte. Isso ocorre quando a criança atinge sete anos, e então advenha a responsabilidade inerente a um ser sensível e consciente. Este "duplo" nasce com o homem, morre com ele e nunca pode

---

[97] Mabel Collins (MC) e H. P. Blavatsky (HPB). (Nota Ed. Bras)

afastar-se para longe do corpo durante a vida, e apesar de sobreviver ao mesmo, ele se desintegra *pari passu* com o cadáver. É o duplo que às vezes é visto sobre as sepulturas, durante determinadas condições atmosféricas como uma figura luminosa do homem que foi. Em relação ao aspecto físico, durante toda a vida, ele constitui *um companheiro vivo do homem,* e depois da sua morte constitui apenas os gases emitidos a partir do corpo em decomposição. Mas, no que diz respeito a sua origem e essência é algo mais. Este "duplo" é o que nós chamamos de '*Linga-sharīra*', mas por ser mais adequado, eu proponho chamá-lo de "Corpo de Metamorfose" ou "Corpo plástico."

MC: Por que metamorfose ou plástico?

HPB: Metamorfose, porque pode assumir todas as formas; *por exemplo:* os "magos guardiões" que a crença popular, não sem razão, os acusa de serem "lobisomens"[98] e "médiuns escondidos em armários", cujos próprios "corpos plásticos" assumem o papel de avós materializadas e "pessoas conhecidas". Senão, qual a razão do costume usual dos "queridos anjos mortos" apresentarem-se pequenos, não mais do que o tamanho do braço do mé-

[98] Provável alusão da autora à simbologia da metamorfose desse ser lendário que se apresenta como humano, mas na verdade não passa de uma perigosa fera; são verdadeiros 'lobos vestidos de cordeiros'. (Nota do tradutor)

dium, em transe ou não? Observe que, em absoluto, não nego influências estranhas neste tipo de fenômenos. Mas afirmo que a interferência externa é rara e que a forma materializada é sempre a do "corpo astral" do médium ou do corpo de metamorfose.

MC: Mas como este corpo astral é criado?

HPB: Ele não é criado; como eu disse a você, ele cresce com o homem e existe na condição rudimentar, mesmo antes da criança nascer.

MC: E o segundo?

HPB: O segundo é o "corpo do pensamento", ou corpo de sonho, mais conhecido entre os ocultistas como o *Māyāvi-rūpa*[99], ou "Corpo-Ilusório". Durante a vida esta imagem ou projeção é o veículo tanto do pensamento, como das paixões e dos desejos animais, extraindo ao mesmo tempo do *manas* terrestre mais baixo (mente) e de *Kāma*, o elemento do desejo. Ele é *dual* em sua potencialidade e após a morte das formas é chamado no

---

[99] *Māyāvi-Rūpa* (sânsc.) – "Forma Ilusória", o "duplo", na Filosofia esotérica. *Doppelgänger* ou "perispirito" em alemão e português, respectivamente. Corpo ou forma de ilusão; o corpo do Plano Mental inferior. Um veículo ou invólucro artificial formado de elementos mentais e astrais através do exercício da vontade de um Adepto (*Kriyāsaktti*) para funcionar em dois mundos ou planos. *Glossário Teosófico*, Ed. Groud. (Nota do tradutor)

Oriente de *Bhoot*[100], ou *Kāma-rūpa*[101], mas é mais conhecido entre os teósofos como "fantasma"[102] (aparição).

MC: E o terceiro?

HPB: O terceiro é o verdadeiro *Ego*, chamado no Oriente por um nome que significa "Corpo Causal", mas que nas escolas *trans*-Himalaicas sempre foi chamado como o "corpo *kármico*", o que dá no mesmo. O *karma* ou ação é a causa que produz renascimentos incessantes ou "reencarnações". Nem a Mônada nem *Manas correspondem ao Ego*; mas de certa forma ele está indissoluvelmente conectado a um composto de Mônada e *Manas* no *Devachan*.

MC: Então existem três duplos?

HPB: Se você puder chamar o cristão e outras Trindades de "três deuses", então haverá três duplos. Mas na verdade há apenas um sob três aspectos ou fases: a parte mais material desaparece com o corpo; a do meio, sobrevive como uma entidade independente, mas temporária na terra das sombras; a terceira é imortal em todo o *manvantara*, a menos que o *Nirvāna* ponha fim nela antes.

---

[100] *Bhoot* (Sânsc.) – Considerado o fantasma de uma pessoa falecida (Nota do tradutor)

[101] *Kāma-Rūpa* (Sânsc.) – É a forma subjetiva criada em virtude dos desejos e pensamentos mentais e físicos relacionados com objetivos materiais, a qual sobrevive à morte do corpo. *Glossário Teosófico*, Ed. Ground. (Nota do tradutor)

[102] *Spook* no texto original. (Nota do tradutor)

MC: Mas não seremos questionados sobre qual a diferença que há entre o *Māyāvi* e *Kāma-Rūpa*, ou como você propõe chamá-los de "corpo de sonho" e de *spook*[103]?

HPB: Muito provavelmente e, além do que já foi dito, respondemos que o "poder" ou aspecto do pensamento *Māyāvi* ou "Corpo Ilusório", após a morte, funde-se inteiramente no corpo causal ou no EGO consciente e pensante. Os elementos de natureza animal, ou o poder do desejo do "Corpo de Sonhos", absorvem depois da morte tudo aquilo que ele recolheu (através do seu desejo insaciável *de viver*) durante a vida, *ou seja,* toda a vitalidade astral, bem como todas as impressões de seus atos *materiais* e pensamentos, enquanto ele vivia na posse do corpo, formam o *spook*, o "fantasma" ou o *kāmā-rūpa*. Nossos teósofos sabem muito bem que após a morte o *Manas* Superior se une à *Mônada* e passa para o *Devachan*, enquanto que os resíduos do *Manas inferior,* ou mente animal, irão formar esse *spook* [cascão astral]. Esse tem vida própria, mas quase nenhuma consciência, exceto, por assim dizer, por procuração, quando ele é arrastado para a corrente de um médium.

MC: Isto é tudo o que se pode dizer sobre o assunto?

103 *Spook* – sinônimo de fantasma. Refere-se também ao "cascão astral". (Nota do tradutor)

HPB: Atualmente eu considero o suficiente sob o ponto de vista metafísico. Consideremos o "duplo" em sua fase terrena. O que você sabe disso?

MC: Todos os países do mundo acreditam, mais ou menos, no "duplo" (*doppelgänger)*. A forma mais simples disso é a aparição do fantasma de um homem ao seu melhor amigo depois de sua morte ou por ocasião da mesma. Este aparecimento é o *Māyāvi-rūpa* ?

HPB: É, porque é produzido pelo pensamento do moribundo.

MC: Isso é inconsciente?

HPB: É inconsciente na medida em que o moribundo geralmente não o faz com conhecimento de causa; nem ele está consciente de que assim aparece aos outros. O que acontece é isso. Caso no momento da morte, ele pensa muito intensamente na pessoa que ama demais, ou está muito ansioso para ver, poderá, então, aparecer para essa pessoa. O pensamento torna-se objetivo. O duplo, ou a sombra de um homem, não é mais do que a reprodução fiel dele, como um reflexo em um espelho; o que o homem faz, mesmo que em pensamento, se repetirá em seu duplo. É por isso que, nesses casos, os fantasmas são vistos frequentemente nas roupas que eles usavam em determinada ocasião, e a *imagem* reproduz até mesmo a expressão do rosto do moribundo. Se o duplo de um homem no banho for visto, semelharia estar imerso na água; então, quando um homem que se afogou aparece ao seu amigo, sua imagem será vista como pingando água. A causa para o aparecimento do fantasma pode também ser revertida, ou seja, o moribundo pode não estar pensando na pessoa em particular para a qual a imagem dele aparece, mas é essa pessoa é que é sensível. Talvez a sua simpatia ou sua aversão pelo indivíduo cuja aparição é assim evocada seja muito intensa, física ou psiquicamente; nesse caso, a aparição ocorrerá e dependerá da intensidade do pensamento. O que acontece então é isso. Vamos denominar o homem moribundo de "A", e aquele que vê o seu duplo de "B". Esse último, devido ao amor, ódio, ou medo, tem a imagem de "A" tão profundamente impressa em sua memória psíquica que, por isso, uma atração ou repulsão magnética fica estabelecida entre os dois, quer alguém saiba e sinta isto, ou não. Quando "A" morre, o sexto sentido ou inteligência espiritual psíquica do *homem interior* em "B" torna-se ciente dessa ocorrência com "A", e passa imediatamente esse conhecimento aos seus sentidos físicos, projetando diante de seus olhos a forma de "A", tal como era no instante da grande mudança. O mesmo acontece quando o moribundo anseia por ver alguém; seu pensamento comunica ao seu amigo, consciente ou inconscientemente, ao longo do fio de simpatia, e isso torna-se objetivo. Isto é o que a "fantasmagórica" Sociedade de Pesquisas Psíquicas chamaria vaidosamente de um "*impacto telepático*", porém, sem nenhuma validade.

MC: Isto se aplica às formas mais comuns de aparecimento do duplo. E nos casos em que o duplo age de modo contrário aos sentimentos e desejos do homem?

HPB: Isso é impossível. O "duplo" não pode agir assim, a menos que a nota-chave de sua ação estivesse gravada no cérebro do homem a quem esse "duplo" pertence, esteja esse homem morto ou vivo, com boa ou má saúde. Se, por um segundo, ele faz uma pausa em seu pensamento, essa pausa será o suficiente para construir uma forma, antes de ele passar para outros quadros mentais. Este segundo é suficiente para a *objetivação* de sua personalidade nas ondas astrais. Isso acontece da mesma forma que ocorre para o seu rosto ser gravado na placa sensível de uma câmara fotográfica. Nada impede, então, que sua forma seja apreendida pelas forças circundantes – do mesmo modo que uma folha seca caída de uma árvore é levantada e levada pelo vento – venha a caricaturar ou distorcer o seu pensamento.

MC: Supondo que o duplo expresse em palavras reais um pensamento incompatível com o homem e, assim, o exprima – digamos a um amigo distante, talvez em outro continente? Conheço casos de tais *ocorrências*.

HPB: Isso acontece, dessa forma, porque a imagem criada é tomada e utilizada por uma "concha astral". Assim, como nas "sessões espíritas" quando "imagens" dos mortos – as quais talvez permaneçam inconscientemente na memória, ou mesmo nas auras dos presentes – são apreendidas pelos elementais ou elementares sombras e tornadas objetivas para o público, e até mesmo forçadas a agir sob as ordens das diversas vontades dos mais fortes na sala. Além disso, no suposto caso deve haver um elo de ligação – uma espécie de fio telegráfico – entre as duas pessoas, um ponto de simpatia psíquica, sobre o qual o pensamento viaja instantaneamente. É claro que, em todos os casos, deve existir uma forte razão pela qual esse pensamento específico vai nessa direção; ele deve estar conectado de alguma forma com a outra pessoa. Se não fosse assim, essas aparições seriam ocorrências comuns e cotidianas.

MC: Isso parece muito simples, porque, então, só ocorre com pessoas excepcionais?

HPB: Porque o poder plástico da imaginação é muito mais forte em algumas pessoas do que em outras. A mente é dual em sua potencialidade; ela é física e metafísica. A mais elevada parte da mente está conectada com a alma espiritual ou *Buddhi*, a mais inferior com a alma animal, o princípio *Kāma*. Existem pessoas que nunca pensam ou se utilizam das faculdades superiores da sua mente; aqueles que o fazem são a minoria e, de certa forma, estão *para além de*, se não acima, da média da espécie humana. Estes são levados a pensar num plano superior até mesmo sobre assuntos comuns. A singularidade da pessoa determina em que "princípio" da mente o seu pensamento é elaborado, como também as faculdades de uma vida anterior e, às vezes, a hereditariedade do corpo físico. É por isso que é tão difícil para um materialista – em cujo cérebro a parte do caráter metafísico é quase atrofiado – elevar-se a si mesmo, ou para aquele que, naturalmente, é dotado de uma mente espiritual descer para o nível do pensamento comum material. Otimismo e pessimismo também dependem disso em uma grande escala.

MC: Mas o hábito de pensar com a Mente superior pode ser desenvolvido – caso contrário não haveria nenhuma esperança para as pessoas que desejam alterar suas vidas e elevarem-se? E que isto é possível deve ser verdade, ou não haveria esperança para o mundo.

HPB: Certamente isto pode ser desenvolvido, mas com grande dificuldade, uma firme determinação e através de muito autossacrifício. Mas isso é relativamente fácil para aqueles que nascem com esse dom. Qual a razão de uma pessoa ver poesia em um repolho ou em um porco com seus filhotes, enquanto outra perceberá nas coisas mais elevadas apenas o seu aspecto mais baixo e mais material, rindo da "música das esferas", e ridicularizando as concepções e as filosofias sublimes? Essa diferença depende simplesmente do poder inato da mente para pensar no plano mais elevado ou mais inferior, com o *astral* (no sentido dado a este termo por de Saint-Martin), ou com o cérebro físico. Grandes poderes intelectuais não constituem muitas vezes nenhuma prova, e até representam impedimentos para as concepções espirituais corretas, o que é evidente na maioria dos grandes homens da ciência. Devemos preferivelmente ter mais piedade do que condená-los.

MC: Mas como é que a pessoa que pensa no plano mais elevado produz imagens mais perfeitas e formas objetivas mais potenciais através do seu pensamento?

HPB: Não necessariamente a "pessoa" por si só, mas todos aqueles que são geralmente sensitivos. A pessoa que é dotada da faculdade de pensar até mesmo sobre as coisas mais triviais, a partir do plano mais elevado do pensamento tem, em virtude desse dom, um poder plástico de formação, por assim dizer, em sua própria imaginação. Seja o que for que essa pessoa pense, o seu pensamento será tão mais intenso do que o pensamento de uma pessoa comum, e é por essa forte intensidade que se obtém o poder da criação. A ciência já estabeleceu o fato de que o pensamento é uma energia. Essa energia na sua ação perturba os átomos da atmosfera astral que nos rodeia. Eu já lhe disse: os raios do pensamento têm o mesmo potencial para a produção de formas na atmosfera astral como os raios solares no que se refere a uma lente. Cada pensamento desenvolvido com a energia do cérebro cria, *nolens volens,*[104] uma forma.

MC: É essa forma absolutamente inconsciente?

HPB: Perfeitamente inconsciente, a menos que seja a criação de um Adepto, que tem um objeto preconcebido ao dar-lhe plena consciência, ou melhor, enviando-lhe o suficiente de sua vontade e inteligência para fazer com que pareça ser consciente. Isso deve nos tornar mais cautelosos sobre os nossos próprios pensamentos. Mas a diferença de distância que existe entre o Adepto, nesse assunto, e o homem comum deve ser levada em conta. O Adepto pode usar à vontade o seu *Māyāvi-rūpa*, mas o homem comum não tem este poder, exceto em casos muito raros. Ele é chamado *Māyāvi-rūpa* , porque é uma forma ilusória criada para uso em um caso específico, e tem em si o suficiente da mente do Adepto para cumprir o seu propósito. O homem comum apenas cria uma imagem-pensamento, cujas propriedades e poderes são, no momento, totalmente desconhecidos pelo mesmo.

[104] Quer queira quer não. (Nota do tradutor)

MC: Pode-se então dizer que a forma de um Adepto que aparece distante de seu corpo como, por exemplo, Ram Lal em *Mr. Isaacs* [105], é simplesmente uma imagem?

HPB: Exatamente. É um mero pensamento andante.

MC: Em que caso um Adepto pode aparecer em vários lugares quase simultaneamente?

HPB: Ele pode. Da mesma forma que Apolônio de Tiana, que foi visto em dois lugares ao mesmo tempo, enquanto seu corpo estava em Roma. Porém, é preciso entender que nem *todos* os níveis do *astral* do Adepto estão presentes em cada aparição.

MC: Então, é necessário que uma pessoa tenha uma determinada quantidade de imaginação e de poderes psíquicos para prestar atenção a seus pensamentos?

HPB: Certamente, pois cada pensamento tem uma forma que apreende a aparência do homem envolvido na ação em que pensava. Se não fosse assim, como poderiam os clarividentes ver na sua *aura* o seu passado e presente? O que eles veem é um panorama passageiro de si mesmo, representado em ações sucessivas dos seus pensamentos.

---

[105] Ram Lal é um personagem do romance *Mr. Isaacs*, de autoria de F. Marion Crawford - Londres 1827, o qual constituía o duplo do Mestre KH. Na obra, Ram Lal anda, fala, come e fuma charuto, parecendo um homem natural. (*The Theosophist*, vol. IV, nº 5-fev. 1883, p. 124-126). (Nota do tradutor)

Você me perguntou se somos punidos por nossos pensamentos. Não por todos, para alguns são natimortos, mas para os outros, aqueles que chamamos de "silentes", ou pensamentos potenciais – sim. Tome um caso extremo, como o de uma pessoa que é tão má a ponto de desejar a morte de outra. A menos que o mal-intencionado seja um *Dugpa*, um alto adepto da magia negra, caso em que o *karma* está adiado, esse desejo apenas retorna ao emitente.

MC: Mas, supondo que o mal-intencionado possa ter uma vontade muito forte, sem ser um *Dugpa*, poderia causar morte de outro ser?

HPB: Só se a pessoa maliciosa tiver mau-olhado, o que significa simplesmente possuir um enorme poder de imaginação plástica trabalhando involuntariamente, e, assim, voltado inconscientemente para maus usos. Mas, qual é o poder do "mau-olhado"? Simplesmente um grande poder plástico de pensamento, tão grande a ponto de produzir uma corrente impregnada com a potência de cada tipo de infortúnio e de acidentes, o qual inocula ou se liga a qualquer pessoa que dele se aproxime. Um *jettatore* (portador de mau-olhado) não precisa ser muito imaginativo, ou ter más intenções ou desejos. Ele pode simplesmente ser uma pessoa que, naturalmente, gosta de testemunhar ou ler sobre cenas sensacionais, como homicídios, execuções, acidentes, *etc*, *etc* ...; não pode sequer pensar em qualquer um destes fatos no momento em que seu olho conhece sua futura vítima. Porém, as correntes foram produzidas e existem em seu raio visual prontas para entrar em atividade no momento em que encontrarem um solo adequado, assim como uma semente está caída no caminho, pronta para brotar na primeira oportunidade.

MC: Mas como atuam os pensamentos que você chama de "silentes"? Será que esses desejos ou pensamentos voltam para o emissor?

HPB: Eles voltam; assim como uma bola que não consegue penetrar numa parede, ela dá rebote sobre aquele que a lançou. Isso acontece até com alguns *Dugpas* ou feiticeiros que não são fortes o suficiente, ou não cumprem as regras – pois, mesmo eles têm *regras* que devem cumprir – mas não com aqueles que são regulares e totalmente desenvolvidos "magos negros"; estes têm o poder de realizar o que desejam.

MC: Quando você fala de regras, o que me faz querer encerrar essa conversa, perguntando-lhe o que todo mundo quer saber, aqueles que têm algum interesse em Ocultismo. Qual é a principal ou mais importante sugestão para aqueles que têm esses poderes e desejam controlá-los corretamente? – na realidade, de ingressar no Ocultismo.

HPB: O primeiro e mais importante passo no Ocultismo é aprender a adaptar os seus pensamentos e ideias para a sua potência plástica.

MC: Por que isso é tão importante?

HPB: Porque senão você está criando coisas pelas quais você pode estar produzindo mau *karma*. Ninguém deve penetrar no Ocultismo, ou até mesmo tocá-lo, antes que esteja perfeitamente familiarizado com seus próprios poderes, e que saiba utilizá-los de forma ética, compatível com suas ações. E isso pode ser feito apenas estudando profundamente a Filosofia do Ocultismo antes de entrar no treinamento *prático*. Caso contrário, tão certo como é o destino, ELE CAIRÁ NA MAGIA NEGRA.

Capítulo VII

Sonhos

Sonhos[106]

1. P.: Quais são os "princípios" que estão ativos durante o sono?

1. R.: Os "princípios" ativos durante os sonhos comuns – que devem ser diferenciados dos sonhos reais, e chamados de visões aleatórias – são *Kāma,* a sede do Ego pessoal e do desejo, despertada na atividade caótica pelas reminiscências sonolentas do *Manas* inferior.

2. P.: O que é "Manas inferior*"?*

2. R.: É normalmente chamado de alma animal (o *nephesh* dos cabalistas hebreus). É o raio que emana do *Manas* superior ou Ego permanente, e é aquele "princípio" que forma a mente humana, e, nos animais, forma o instinto, porque os animais também sonham. A ação combinada de *Kāma* e da "alma animal", contudo, é puramente mecânica. É o instinto, não a razão, que está ativo neles. Durante o sono do corpo, há uma interação mútua entre eles e vários centros nervosos por meio de impulsos elétricos, que são recebidos e transmitidos mecanicamente. O cérebro, dificilmente, recebe impressões deles, e a memória as armazena, naturalmente, sem ordem ou sequência. Ao acordar, essas impressões se desvanecem gradualmente, tal como ocorre com cada sombra passa-

[106] *Collected Writings*, H.P. Blavatsky, volume 10, p. 246-264.

geira que não tem qualquer realidade essencial e substancial para sustentá-la. A faculdade retentiva do cérebro, contudo, pode registrá-las e preservá-las, somente se forem impressas com força suficiente. Mas, como regra geral, nossa memória registra apenas impressões passageiras e distorcidas, que o cérebro recebe no momento do despertar. Este aspecto dos "sonhos", contudo, tem sido suficientemente observado e descrito muito corretamente em trabalhos da fisiologia e biologia modernas, uma vez que tais sonhos humanos não diferem muito dos sonhos dos animais. Aquilo que é *terra incógnita* para a ciência são os sonhos reais e as experiências do Ego superior [5º princípio], que são também chamados sonhos, embora não devessem ser assim referidos, ou, então, devesse ser mudado o termo para designar as outras "visões" durante o sono.

O Ego Imortal nos Sonhos Reais

3.P.: Qual é a diferença entre os sonhos reais e a visões durante o sono?

3.R.: A natureza e as funções dos sonhos reais não podem ser compreendidos, a não ser que admitamos a existência de um Ego imortal no homem mortal, independente do corpo físico, uma vez que o assunto se torna completamente ininteligível, a menos que acreditemos – o que é um fato – que, durante o sono, permaneça apenas uma forma animada de barro, cujos poderes do pensamento independente estejam absolutamente paralisados. Mas, se admitirmos a existência de um Ego superior ou permanente[107] – Ego que não deve ser confundido com o que chamamos de "Eu Superior"[108] [7º Princípio, *Ātma*], poderemos compreender que o que consideramos, frequentemente, como sonhos, aceitos geralmente como fantasias aleatórias, são, na verdade, páginas avulsas arrancadas da vida e da experiência do homem *interno* [5º Princípio, *Manas* superior], cuja fraca lembrança, no momento do despertar, torna-se mais e mais distorcida por nossa memória física. Esta última captura, mecanicamente, algumas impressões dos pensamentos, fatos testemunhados, e atos realizados pelo homem *interno* durante suas horas de completa liberdade. Porque o nosso *Ego* [5º Princípio, *Manas* superior] vive sua própria vida separada dentro de sua prisão de barro sempre que se torna livre dos entraves da matéria, isto é, durante o sono do homem físico. Este Ego é que é o ator, o homem

---

[107] Em inglês *higher* ou *permanent Ego*, corresponde ao 5º princípio na classificação setenária do homem, ou seja, *Manas* superior. Para maior compreensão veja tabela no Apêndice (A Natureza Setenária do Homem). (Nota Ed. Bras.)

[108] Em inglês *higher self* é o Eu Superior que corresponde ao *Ātma*. Para maior compreensão veja tabela no Apêndice (A Natureza Setenária do Homem). (Nota Ed. Bras.)

real, o verdadeiro eu humano. Mas o homem físico não pode sentir ou estar consciente durante os sonhos; porque a personalidade, o homem externo, com seu cérebro e estrutura de pensamento, está paralisado de modo mais ou menos completo. Podemos muito bem comparar o verdadeiro Ego a um prisioneiro, e a personalidade física ao carcereiro da sua prisão. Se o carcereiro adormece, o prisioneiro escapa, ou, pelo menos, ultrapassa os muros da sua prisão. O carcereiro está meio adormecido, e olha, acenando a toda a hora para fora de uma janela, através da qual só consegue vislumbrar, ocasionalmente, o seu prisioneiro, como se fosse uma espécie de sombra a mover-se à sua frente. Mas o que é que ele pode perceber, e o que é que ele pode saber das ações reais, e especialmente dos pensamentos, da sua responsabilidade?

4.P.: Os pensamentos de um deles não ficam impressos na consciência do outro?

4.R.: Não durante o sono, de modo algum; porque o Ego real [*Manas* Superior] não pensa do mesmo modo como sua evanescente e temporária personalidade. Durante as horas de vigília, os pensamentos e a Voz do Ego superior podem alcançar, ou não, o seu carcereiro – o homem físico, porque eles são a Voz de sua Consciência, mas, durante o seu sono, eles são absolutamente a "Voz no deserto". Nos pensamentos do homem *real*, ou a "Individualidade" imortal, as imagens e visões do

Passado e do Futuro são como do Presente; tampouco seus pensamentos são como os nossos, imagens mentais subjetivas no nosso cérebro, mas sim, atos vivos e ações, realidades presentes. Eles são realidades, exatamente como eram, quando não existia a linguagem expressa em sons; quando os pensamentos eram coisas, e os homens não precisavam expressá-los em palavras, porque eles se convertiam, instantaneamente, em ação pelo poder de *Kriya-shakti*, aquele misterioso poder que transforma, instantaneamente, ideias em formas visíveis, e estas eram tão objetivas para o "homem" do início da *terceira* Raça como os objetos visíveis são agora para nós.

Ações-Pensamentos do Ego

5.P.: Como, então, a Filosofia Esotérica explica a transmissão de alguns fragmentos exatos daqueles pensamentos do Ego para a nossa memória física que ela, às vezes, retém?

5.R.: Todos esses se refletem no cérebro de quem dorme como se fossem sombras externas nas paredes de lona de uma tenda, que o ocupante vê ao acordar. Então o homem pensa que ele sonhou tudo aquilo, e sente como se tivesse vivido algo, quando, na realidade, são as ações-pensamentos do verdadeiro Ego que ele palidamente percebeu. À medida que fica totalmente desperto, as suas recordações tornam-se, a cada minuto, mais distorcidas, e misturam-se com as imagens projetadas a partir do cérebro físico, sob a ação do estímulo que faz com que o adormecido desperte. Estas recordações, pelo poder da associação, põem em movimento várias linhas de ideias.

6.P.: É difícil compreender como o Ego faz coisas durante a noite que ocorreram muito tempo atrás. Não foi dito que os sonhos não são subjetivos?

6.R.: Como podem ser subjetivos, quando o próprio estado de sonho é para nós e no nosso plano, de qualquer modo, um estado subjetivo? Para o sonhador (o Ego), no seu próprio plano, as coisas nesse plano são tão objetivas para ele como os nossos atos são para nós.

7.P.: Quais são os sentidos que atuam nos sonhos?

7.R.: Os sentidos de quem dorme recebem choques ocasionais, e são despertados para a ação mecânica; o que ele ouve e vê é, como já foi dito, um reflexo distorcido dos pensamentos do Ego. Este último é altamente espiritual, e está muito ligado aos princípios superiores, *Buddhi* e *Ātma*. Estes princípios superiores estão totalmente inativos no nosso plano, e o próprio Ego superior (*Manas*) está mais ou menos adormecido durante o despertar do homem físico. Este é especialmente o caso de pessoas de mente muito materialista. Estão tão adormecidas as faculdades espirituais, porque o Ego está tão aprisionado pela matéria, que dificilmente pode dar toda a sua atenção às ações do homem, mesmo que este último cometa pecados pelos quais aquele Ego – quando reunido com o seu *Manas* inferior – terá de sofrer conjuntamente no futuro. São, como eu disse, as impressões projetadas no homem físico por este Ego que constituem aquilo a que chamamos "consciência"; e, na proporção em que a Personalidade, a Alma inferior (ou *Manas*), se une à sua consciência superior, ou Ego, a ação deste último sobre a vida do homem mortal se torna mais marcada.

8.P.: Esse Ego, então, é o "Ego Superior"?

8.R.: Sim; é o *Manas* superior iluminado por *Buddhi*; o princípio da autoconsciência, o "Eu sou Eu," em suma. É o *Kārana-Sharīra*, o homem imortal, que passa de uma encarnação para outra.

Sonhos Reais Ocasionalmente Impressos no Cérebro

9.P.: O "registrador" ou "bloco de memória" para o verdadeiro estado de sonho é diferente daquele do estado de vigília?

9.R.: Uma vez que os sonhos são, na realidade, as ações do Ego durante o sono físico, eles são, evidentemente, registrados no seu próprio plano, e neste produzem os seus efeitos adequados. Mas deve ser sempre recordado que os sonhos em geral, e como os conhecemos, são simplesmente as nossas recordações confusas destes fatos no estado de vigília. Acontece frequentemente, de fato, que não temos qualquer lembrança de termos sonhado, no entanto, mais tarde no dia, a recordação do sonho surge de repente em nossa mente. Para isso há muitas causas. É análogo ao que, por vezes, acontece a cada um de nós. Muitas vezes uma sensação, um cheiro, mesmo um ruído casual ou um som, traz, instantaneamente, à nossa mente eventos, cenas e pessoas há muito esquecidas. Algo do que foi visto, feito ou pensado pelo "ator noturno", o Ego, foi impresso naquele momento no cérebro físico, mas não foi trazido à memória consciente e desperta, devido a alguma condição física ou obstáculo. Esta impressão está registrada no cérebro na sua célula ou centro nervoso apropriado, mas, devido a alguma circunstância acidental, "é adiada", por assim dizer, até que algo lhe dê o impulso necessário. Então o cérebro transfere-a, imediatamente, para a memória consciente do homem desperto; pois, assim que as condições necessárias são fornecidas, esse centro específico começa imediatamente a funcionar, e faz o trabalho que tinha de fazer, mas foi impedido no momento de o completar.

10.P.: Como ocorre esse processo?

10.R.: Há uma espécie de comunicação telegráfica consciente que se processa incessantemente, dia e noite, entre o cérebro físico e o homem interno. O cérebro é uma coisa tão complexa, tanto física como metafisicamente, que é como uma árvore cuja casca se pode remover camada por camada, sendo cada camada diferente de todas as outras, e tendo cada uma o seu próprio trabalho, função e propriedades especiais.

11.P.: O que distingue a memória e a imaginação "durante o sonho" da memória e imaginação da consciência desperta?

11.R.: Durante o sono a memória física e a imaginação são naturalmente passivas, porque o sonhador está a dormir: o seu cérebro está a dormir, a sua memória está adormecida, todas as suas funções estão adormecidas e em repouso. É apenas quando são estimuladas, como lhes disse, que são despertadas. Assim a consciência do adormecido não é ativa, mas passiva. O homem interno, contudo, o verdadeiro Ego, age independentemente durante o sono do corpo; mas é duvidoso que algum de nós – a não ser que conheça bem a fisiologia do Ocultismo – possa compreender a natureza da sua ação.

O Papel Desempenhado pela Luz Astral

12.P.: Que relação têm a Luz Astral e o Ākasha com a memória?

12.R.: A Luz Astral é o "bloco de memória" do homem animal, e o *Ākasha* é o "bloco de memória" do Ego espiritual. Os "sonhos" do Ego, assim como os atos do homem físico, são todos registrados, uma vez que ambos são ações baseadas em causas e produzem resultados. Os nossos "sonhos", por serem simplesmente o estado de vigília e as ações do verdadeiro Eu, devem, evidentemente, ser registrados em algum lugar. Leiam "Visões Kármicas" em *Lucifer*[109], e anotem a descrição do verdadeiro Ego, sentado como um espectador da vida do herói, e talvez algo o sensibilize.

13.P.: O que é, na realidade, a Luz Astral?

13.R.: Como a Filosofia Esotérica nos ensina, a Luz Astral são, simplesmente, os resíduos do *Ākasha* ou a Ideação Universal no seu sentido metafísico. Embora invisível, ela é ainda, por assim dizer, a radiação fosforescente desta última, e é o meio entre ela e as faculdades de pensamento do homem. São estas faculdades de pensamento

[109] *Lucifer* foi uma revista publicada por Helena P. Blavatsky. Sua primeira edição foi publicada em setembro de 1887 em Londres. (Nota Ed. Bras.)

do homem que poluem a Luz Astral, e fazem dela o que ela é – o depósito de todas as iniquidades humanas e especialmente psíquicas. Na sua gênese primordial, a luz astral, como radiação, é bastante pura, embora, quanto mais baixo desce, aproximando-se da nossa esfera terrestre, mais se diferencia, e torna-se, como resultado, impura na sua própria constituição. Mas o homem ajuda, consideravelmente, nesta poluição, e devolve-lhe a sua essência muito pior do que quando a recebeu.

14.P.: Pode explicar-nos como a Luz Astral se relaciona com o homem, e a sua ação na vida de sonho?

14.R.: A diferenciação no mundo físico é infinita. Ideação Universal – ou *Mahat*, se preferirem – envia a sua radiação homogênea para o mundo heterogêneo, e esta chega à mente humana ou pessoal através da Luz Astral.

15.P.: Mas será que as nossas mentes não recebem as suas iluminações diretamente do Manas *superior através do inferior? E não será a primeira a pura emanação da Ideação divina – os "Mānasa-Putras", que encarnaram nos homens?*

15.R.: Sim, são eles. Os *Mānasa-Putras* individuais ou os *Kumāras* são as radiações diretas da Ideação divina – "individual" no sentido de uma diferenciação posterior devido a inúmeras encarnações. Em suma, são a agregação coletiva dessa Ideação, tornam-se no nosso plano, ou do nosso ponto de vista, *Mahat*, uma vez que os *Dhyan*

Chohans são no seu agregado a PALAVRA ou "*Logos*" na formação do Mundo. Se as Personalidades (os *Manas* inferiores ou as Mentes Físicas) fossem inspiradas e iluminadas unicamente pelos seus *alter* Egos superiores, haveria pouco pecado neste mundo. Mas não o são; e, ficando enredadas nas malhas da Luz Astral, separam-se cada vez mais dos seus Egos pais. Leiam e estudem o que Éliphas Lévi diz sobre a Luz Astral, que ele chama Satã e a Grande Serpente. A Luz Astral tem sido tomada demasiado literalmente para significar uma espécie de segundo céu azul. Este espaço imaginário, porém, sobre o qual estão impressas as inúmeras imagens de tudo o que já foi, é, e será, é, apenas, uma realidade demasiado triste. Torna-se no, e para, o homem – se de todo psíquico – e quem não é? – um demônio tentador, o seu "anjo mau", e o inspirador de todos os nossos piores feitos. Age sobre a vontade até do homem adormecido, através de visões impressas no seu cérebro adormecido (cujas visões não devem ser confundidas, com os "sonhos"), e estes germes dão os seus frutos quando ele acorda.

O Papel do Karma e da Vontade nos Sonhos

16.P.: Qual é a função exercida pela Vontade nos sonhos?

16.R.: A vontade do homem externo, a nossa vontade, está naturalmente adormecida e inativa durante os sonhos; mas um certo desvio pode ser dado à vontade adormecida durante a sua inatividade, e certos resultados posteriores desenvolvidos pela mútua interação, produzida quase mecanicamente – através da união entre dois ou mais "princípios" num só, para que atuem em perfeita harmonia, sem qualquer atrito ou uma única nota falsa, quando acordados. Mas esta é uma das artimanhas da "magia negra", e, quando utilizada para bons fins, pertence à formação de um ocultista. Deve-se estar muito avançado no "caminho" para se ter uma vontade que possa agir conscientemente durante o seu sono físico, ou agir sobre a vontade de outra pessoa durante o sono desta última, por exemplo, para controlar os seus sonhos, e assim controlar as suas ações quando acordada.

17.P.: É-nos ensinado que um homem pode unir todos os seus "princípios" em um só – o que significa isso?

17.R.: Quando um Adepto consegue fazer isso ele é um *Jīvanmukta*: ele não pertence mais a essa terra virtualmente, e se torna um habitante do *Nirvāna*, que pode entrar em *Samādhi* conforme a sua vontade. Os Adeptos são classificados, geralmente, pelo número de "princípios" que eles têm sob seu perfeito controle, porque aquilo que nós chamamos de vontade tem sua sede no EGO superior, e esse EGO, quando está livre da sua personalidade cheia de pecados, é divino e puro.

18.P.: Que papel cumpre o karma *nos sonhos? Os indianos dizem que cada ser humano recebe o prêmio ou castigo de todos os seus atos, tanto no estado de vigília como no estado de sonho.*

18.R.: Se eles dizem isso, é porque eles lembram as tradições dos seus ancestrais e as preservam em toda sua pureza. Eles sabem que o Ser é o Ego real, e que ele vive e atua, embora em um plano diferente. A vida externa é um "sonho" para esse Ego, enquanto que a vida interna, ou a vida no que nós chamamos de plano do sonho, é a vida real para ele. Assim, os hindus (os profanos, é claro), dizem que o *karma* é generoso, e recompensa o homem real em sonhos, assim como faz com a falsa personalidade na vida física.

19.P.: Qual é a diferença, karmicamente, *entre os dois?*

19.R.: O homem animal físico é tão pouco responsável como um cão ou um rato. Para a forma corporal, tudo termina com a morte do corpo. Mas o verdadeiro SER, aquele que emanou a sua própria sombra, ou a personalidade pensante inferior, que decretou e puxou os fios durante a vida do autômato físico, esse terá de sofrer conjuntamente com o seu *factotum* e *alter ego* na próxima encarnação.

20.P.: Mas os dois Manas, *o superior e o inferior, são um só, não é?*

20.R.: Eles são um só, e no entanto não são, e esse é o grande mistério. O *Manas* superior ou EGO é essencialmente divino, e, portanto, puro; nenhuma mancha pode poluí-lo, assim como nenhuma punição pode alcançá-lo, em si, tanto mais que ele é inocente de, e não participa de nenhuma ação do seu Ego inferior. No entanto, pelo próprio fato de que, embora seja dual e, durante a vida, o Superior seja distinto do Inferior, "o Pai e o Filho" são um, e, por isso, ao reunir-se com o Ego-pai, a Alma inferior se prende a ele, e imprime nele todas as ações boas e más – ambos têm de sofrer, o Ego superior, embora inocente e sem mancha, tem de suportar, na sua futura encarnação, o castigo dos erros cometidos pelo Ego inferior juntamente com ele. Toda a doutrina da expiação vicária é construída sobre esse velho princípio esotérico; porque o Ego superior é o antítipo daquilo que nesta terra é o tipo, isto é, a personalidade. Para aqueles que entendem, é a velha história védica de *Vizvakarman,* contada de novo e demonstrada praticamente. *Vizvakarman*[110], o

[110] *Vishwakarman ou Vizvakarman* (sânscrito) – Um deus védico, uma personificação da Força Criadora, descrita como o Único "deus onividente". Glossário Teosófico, Ed. Ground, 3ª edição. (Nota Ed. Bras.)

Pai-Deus que tudo vê, e que está além da compreensão dos mortais, termina, como filho de *Bhuvana*[111], o Espírito santo, sacrificando-se a si mesmo, para salvar os mundos. O nome místico do "Ego Superior" é, na filosofia indiana, *Kshetrajña* ou "Espírito corporificado", aquele que conhece ou informa *Kshetra*, "o corpo". Vejam a etimologia do nome, e vocês descobrirão nele o termo *aja* "primogênito", e também "cordeiro". Tudo isso é muito sugestivo, e poderiam ser escritos vários volumes sobre o desenvolvimento pré-genético e pós-genético do tipo e do antítipo – do *Cristo-Kshetrajña*, o "Deus-Homem", o primogênito, simbolizado pelo "cordeiro". A Doutrina Secreta mostra que os *Mānasa-Putras,* ou os EGOS que encarnaram [na humanidade da 3ª raça-raiz], assumiram para si mesmos, voluntária e conscientemente, o fardo de todos os futuros pecados das suas futuras personalidades. Por isso é fácil compreender que não é nem o sr. A. nem o sr. B., nem qualquer uma das personalidades que, periodicamente, vestem o EGO Autossacrificado, que são os verdadeiros Sofredores, mas, na verdade, são os inocentes Cristos dentro de nós. Por isso os místicos hindus dizem que o Ser Eterno, ou o Ego (o que é três em um e um em três), é o "Cocheiro" ou o condutor; as personalidades são os passageiros temporários e evanescentes; enquanto

---

[111] *Bhuvana* (sânscrito) – um nome de *Rudra* ou *Shiva*, que faz parte da trindade hindu. O mundo dos homens. *Glossário Teosófico,* Ed. Ground. 3ª edição. (Nota Ed. Bras.)

que os cavalos são as paixões animais do homem. Assim, é correto dizer que, quando permanecemos surdos à Voz da nossa Consciência, nós crucificamos o *Christos* dentro de nós. Mas voltemos aos sonhos.

O Único Deus que o Homem Contata é o seu próprio Deus Trino

(Espírito, Alma e Mente)

21.P.: Os chamados sonhos proféticos são um sinal de que aquele que sonha tem fortes habilidades clarividentes?

21.R.: Pode-se dizer, no caso das pessoas que têm sonhos verdadeiramente proféticos, que isso ocorre porque seus cérebros físicos e suas memórias estão mais sintonizadas e em relação mais próxima com o seu "Ego Superior" do que na maioria das pessoas. O Ego-Ser tem mais facilidade para imprimir, na casca e na memória física, aquilo que é importante para essas pessoas do que no caso de outras menos dotadas. Lembrem-se de que o único Deus com que o homem entra em contato é o seu próprio Deus, chamado Espírito, Alma e Mente, ou Consciência, e estes três são um só. Mas eles são ervas daninhas que devem ser destruídas para que uma planta possa crescer. Nós devemos morrer, diz São Paulo, para que possamos viver de novo. É através da destruição que nós podemos progredir, e os três poderes, de preservar, de criar e de destruir, são só alguns dos muitos aspectos da centelha divina dentro do homem.

22.P.: Os Adeptos sonham?

22.R.: Nenhum Adepto avançado sonha. O Adepto é alguém que obteve controle sobre os seus quatro veículos inferiores, inclusive seu corpo, e, portanto, não deixa a carne ter existência independente.

Ele, simplesmente, paralisa o seu Ser inferior durante o sono, e se torna inteiramente livre. Um sonho, tal como nós o entendemos, é uma ilusão. Deve, então, um Adepto sonhar, quando ele se libertou de todas as outras ilusões? Durante o seu sono ele, simplesmente, vive em outro plano mais real.

23.P.: Há pessoas que nunca sonharam?

23.R.: Não existe uma pessoa assim no mundo, até onde eu sei. Todos sonham mais, ou menos; só que, na maior parte dos casos, o sonho se desvanece subitamente no momento do despertar. Isso depende da situação mais receptiva, ou menos, dos gânglios do cérebro. As pessoas não espirituais, e aqueles que não exercitam suas funções imaginativas, ou os que ficaram exaustos devido a um excesso de trabalho manual, de modo que os gânglios não agem nem mesmo mecanicamente durante o repouso, raramente ou nunca sonham com alguma coerência.

Estados de Sono e Sonho

24.P.: Qual é a diferença entre os sonhos dos seres humanos e os sonhos dos animais?

24.R.: O estado de sonho é comum não só a todos os seres humanos mas a todos os animais, naturalmente, desde os mamíferos mais desenvolvidos até os menores pássaros e até mesmo os insetos. Todo ser que possui um cérebro físico, ou um órgão semelhante a um cérebro, deve sonhar. Todo animal, grande ou pequeno, tem sentidos físicos mais ou menos ativos; e, embora esses sentidos estejam amortecidos durante o sono, a memória ainda atuará, digamos, mecanicamente, reproduzindo sensações passadas. Todos sabemos que cães, cavalos e gado bovino sonham, como também sonham os canários, mas esses sonhos são, penso eu, meramente fisiológicos. Como as últimas brasas de uma fogueira que se extingue, com suas fagulhas e chamas ocasionais, assim age o cérebro ao adormecer. Os sonhos não são, como diz Dryden, "interlúdios feitos pela fantasia", porque isso só pode dizer respeito a sonhos fisiológicos criados por indigestão, ou por alguma ideia ou acontecimento que tenha causado uma impressão sobre o cérebro ativo durante as horas de vigília.

25.P.: O que, então, é o processo de ir dormir?

25.R.: O fato é parcialmente explicado pela fisiologia. O Ocultismo afirma que é a exaustão periódica e regular dos centros nervosos, e especialmente dos gânglios sensoriais do cérebro, que se recusam a agir mais tempo nesse plano, e, se não se tornassem impróprios para o trabalho, seriam compelidos a recuperar a sua força em outro plano ou *Upādhi*[112]. Primeiro vem o *Svapna* ou estado de sonho, e esse leva ao estado de *Sushupti*[113]. Agora devemos lembrar que os nossos sentidos são todos duais, e atuam de acordo com o plano de consciência em que a entidade pensante tem sua energia. O sono físico permite a maior facilidade para a sua ação nos vários planos; ao mesmo tempo trata-se de uma necessidade, para que os sentidos possam se recuperar e obter uma nova quantidade de vida para o estado de *Jagrata*[114], ou estado de vigília, a partir de *vapna* e *Sushupti*. De acordo com o *Raja Yoga*[115], *Turya*[116] é o mais

---

[112] *Upādhi* (sânscrito) – base ou veículo; como o corpo físico é o *upādhi* de seu espírito, o éter é o *upādhi* da luz. *Glossário Teosófico*, Ed. Ground, 3ª edição. (Nota Ed. Bras.)

[113] *Sushupti* (sânscrito) – sono profundo, sono sem sonhos. *Glossário Teosófico,* Ed. Ground, 3ª edição. (Nota Ed. Bras.)

[114] *Jāgrat ou Jagrata* (sânscrito) – o estado de vigília da consciência. É um estado desperto, de percepção exterior; um dos três estados de consciência. *Glossário Teosófico,* Ed. Ground, 3ª edição. (Nota Ed. Bras.)

[115] *Raja Yoga* – é o sistema de educação oculta que, através da concentração mental, desenvolve as faculdades superiores do homem e os poderes psíquicos nele latentes. Esse sistema parte do mundo interno para estudar a natureza interna e, através dela, domina tudo, tanto o interior como o exterior. *Glossário Teosófico,* Ed. Ground, 3ª edição. (Nota Ed. Bras.)

[116] *Turya* (sânscrito) – é o quarto estado de consciência, aquele que excede ao

elevado estado. Assim como um homem exausto por um estado do fluido vital busca outro estado; como, por exemplo, quando exausto pelo ar quente, ele se refresca na água fria, assim também o sono é o refúgio sombreado que há no vale ensolarado da vida. O sono é um sinal de que a vida em estado de vigília se tornou demasiado forte para o organismo físico, e que a força da corrente vital deve ser quebrada pela troca do estado de vigília pelo estado do sono. Peça a um bom clarividente que descreva a aura de uma pessoa recém-descansada pelo sono, e que descreva a aura de outra pessoa pouco antes de ela ir dormir. A primeira será vista como banhada em vibrações rítmicas de correntes vitais – de cor amarela, azul e rosada; essas são as ondas elétricas da vida. A pessoa que está necessitando dormir está, digamos, em uma nuvem de uma intensa cor dourado-laranja, composta de átomos que rodopiam com uma rapidez espasmódica quase incrível, o que mostra que o indivíduo começa a estar demasiado saturado de Vida; a essência vital é demasiado forte para os seus órgãos físicos, e ele deve buscar alívio no lado da sombra daquela essência, lado esse que é o elemento do sonho, ou o sono físico – um dos estados de consciência.

---

sono sem sonhos, aquele superior a todos, um estado de elevada consciência espiritual. *Glossário Teosófico,* Ed. Ground, 3ª edição. (Nota Ed. Bras.)

26.P.: Mas o que é um sonho?

26.R: Isso depende do significado do termo. Você pode "sonhar" ou, como nós dizemos, ter visões de sono, estando acordado ou adormecido. Se a Luz Astral é reunida em uma taça ou um recipiente de metal pelo poder da vontade, e, se os olhos são fixados em determinado ponto neste recipiente com uma forte vontade de ver, o resultado é uma visão ou "sonho" em estado desperto, se a pessoa tiver algum grau de sensitividade. Os reflexos na Luz Astral são melhor vistos com os olhos fechados, e, durante o sono, são vistos com ainda mais clareza. A partir de um estado lúcido, a visão se torna translúcida; a partir de uma consciência orgânica normal, surge um estado transcendental de consciência.

27.P.: A que causas se devem os sonhos, principalmente?

27.R.: Há muitos tipos de sonhos, como todos nós sabemos. Deixando de lado o "sonho de digestão", há sonhos cerebrais e sonhos de memória, visões mecânicas e conscientes. Os sonhos de aviso e premonição requerem a cooperação ativa do Ego interno. São também frequentemente devidos à cooperação consciente ou inconsciente dos cérebros de duas pessoas vivas, ou dos seus dois Egos.

28.P.: O que é que sonha, então?

28.R: Geralmente é o cérebro físico do Ego pessoal, o assento da memória, que irradia e lança fagulhas como as brasas moribundas de uma fogueira. A memória do adormecido é como uma harpa *Æólica* de sete cordas; e o seu estado mental pode ser comparado ao vento que assopra sobre as cordas. A corda correspondente da harpa responderá a um dos sete estados de atividade mental; aquele estado em que a mente do adormecido estava, antes de adormecer. Se for uma brisa calma, a harpa será pouco afetada; se for um furacão, as vibrações serão, proporcionalmente, fortes. Se o Ego pessoal estiver em contato com os seus princípios mais elevados, e os véus dos planos mais elevados forem postos de lado, tudo ficará bem; se, ao contrário, o Ego pessoal for de uma natureza materialista, animal, provavelmente não haverá sonhos; ou, se a memória, por acaso, captar o sopro de um "vento" de um plano superior, sendo que esse sopro será impresso através dos gânglios sensórios do cerebelo, e não pela ação direta do Ego espiritual, ele receberá imagens e sons tão distorcidos e desarmoniosos que até mesmo uma visão *devachânica*[117] parecerá um pesadelo ou uma caricatura grotesca. Portanto não há uma resposta sim-

[117] *Devachan* (sânscrito) – a morada dos "deuses". Um estado intermediário entre duas vidas terrestres, no qual o Ego (*Ātma-Buddhi-Manas*), ou seja, a Trintade feita UM entra, depois de sua separação do *kāma-rūpa* e a desintegração dos princípios inferiores, depois da morte do corpo na terra. *Glossário Teosófico,* Ed. Ground, 3ª edição. (Nota Ed. Bras.)

ples à pergunta "o que é que sonha", porque depende, em cada indivíduo, inteiramente de qual princípio será o motor principal durante os sonhos, e se eles serão lembrados ou esquecidos.

Objetividade e Subjetividade nos Sonhos

29.P.: A aparente objetividade de um sonho é realmente objetiva ou subjetiva?

29.R.: Se admitirmos que um sonho seja aparente, então, claro que ele é subjetivo. A questão deveria antes ser, para quem ou para que, as imagens ou representações nos sonhos são objetivas ou subjetivas? Para o homem físico, o sonhador, tudo o que ele vê com os seus olhos fechados, e dentro ou através de sua mente, claro que é subjetivo. Mas para o Vidente dentro do sonhador físico, aquele mesmo Vidente que é subjetivo para os nossos sentidos materiais, tudo o que ele vê é tão objetivo como ele mesmo é objetivo para si mesmo e para os outros como ele. Os materialistas, provavelmente, rirão, e dirão que nós fazemos de um homem uma família inteira de entidades, mas isso não é verdade. O Ocultismo ensina que o homem físico é um, mas o homem pensante é setenário, pensa, atua, sente e vive em sete diferentes estados ou planos de consciência, e que para cada um desses estados e planos o Ego permanente (não a falsa personalidade) tem um conjunto diferente de sentidos.

Planos de Consciência nos Sonhos

30.P.: É possível distinguir esses diferentes estados?

30.R.: Não, a menos que você seja um *Adepto* ou um *Chela* altamente treinado e completamente familiarizado com esses diferentes estados. As ciências, como a biologia, a fisiologia, e mesmo a psicologia (das escolas de Maudsley, Bain e Herbert Spencer) não tocam nesse assunto. A ciência nos ensina sobre os fenômenos da volição, da sensação, do intelecto e do instinto, e diz que todos eles se manifestam através dos centros nervosos, dos quais o mais importante é o nosso cérebro. A ciência fala do agente ou da substância peculiar através do qual esses fenômenos ocorrem como os tecidos vasculares e fibrosos, e explica a sua relação mútua, dividindo os centros de gânglios em centros motores, sensórios e simpáticos, mas jamais dirá uma palavra sobre a misteriosa função do próprio intelecto, ou sobre a mente e suas funções[118]. Agora, acontece frequentemente que nós estamos

[118] Isso foi dito em 1889. Hoje a Ciência ocidental está aceitando um após o outro os ensinamentos de *A Doutrina Secreta* sem, entretanto, reconhecer sua fonte. Particularmente, é assim com relação a *Manas* (Mente), uma vez que Einstein divulgou a teoria da Relatividade em 1915. Pois, enquanto a velha escola do materialismo sustentava a visão de que nossas mentes são o produto de nossos cérebros, agora somos informados de que a própria matéria pode ser mental. Como diz o professor Eddington: "Não há nada que impeça o conjunto de átomos que forma o cérebro de ser uma máquina pensante em virtude daquela natureza que a física deixa indeterminado e indeterminável". E a conclusão final é que a "Mente do Homem, que, na visão

conscientes e sabemos que estamos sonhando; esta é uma prova muito boa de que o homem é um ser múltiplo no plano do pensamento; de modo que não só o Ego, ou homem pensante, é um *Proteu*, uma entidade multiforme e sempre em mutação, mas ele também é, digamos, capaz de se separar no plano da mente ou do sonho em duas ou mais entidades, e, no plano da ilusão que nos segue até o limiar do *Nirvāna*, ele é como *Ain-Soph*[119] falando para *Ain-Soph*, tendo um diálogo com ele mesmo, e falando através de si mesmo, sobre si mesmo e para si mesmo. E esse é o mistério da insondável divindade no *Zohar*, assim como nas filosofias hindus; é o mesmo da *Cabala*, dos *Purānas*[120], da metafísica *Vedanta*, e também o chamado mistério cristão da divindade e da trindade. O homem é o microcosmo do macrocosmo; o deus na Terra é construído sobre o padrão do deus na Natureza. Mas a consciência universal do verdadeiro Ego transcende um milhão de vezes a autoconsciência do Ego pessoal ou falso.

---

antiga, era um resultado aleatório e insignificante de forças estranhas, é mais uma vez restaurada como o mistério central no Universo que examina". Veja *Buddhism the Science of Life, de Alice L. Cleather e Basil Crump*. Pequim, 1928, 2ª edição, p. 37-39. (Nota dos tradutores)

[119] *Ain-Soph* (Hebraico). O "Iluminado"; a divindade emanando e ampliando-se. (W.W.W.) Na Cabala, o Ancião dos Anciãos; o Eterno, a Causa Primeira. Glossário Teosófico (em itálico), Ed. Ground, 7ª ed.

[120] *Purānas* (sânsc) – literalmente "antigos". Coleção de escritos simbólicos e alegóricos, em número de dezoito, que seu supõe foram escritos por *Vyāsa,* autor do *Mahābārata. Glossário Teosófico,* Ed. Ground, 3ª edição. (Nota Ed. Bras.)

31.P.: Aquilo que é chamado de "ideação inconsciente" durante o sono constitui um processo mecânico do cérebro físico, ou se trata de uma operação consciente do Ego, cujo resultado é impresso somente na consciência comum?

31.R.: É o segundo caso; por que seria possível lembrar em nosso estado consciente o que ocorreu enquanto nosso cérebro estava trabalhando inconscientemente? Essa é, aparentemente, uma contradição em termos.

32.P: Como acontece que pessoas que nunca viram montanhas na Natureza frequentemente as veem com nitidez durante o sono e são capazes de reparar nas suas características?

32.R: A hipótese mais provável é que essas pessoas tenham visto fotos ou desenhos de montanhas; caso contrário, trata-se de alguém ou de algo em nós que as viu previamente.

Barreiras entre os Planos de Consciência

33.P.: Qual é a causa daquela experiência em sonhos na qual o sonhador parece estar sempre se esforçando por alguma coisa, mas nunca a consegue?

33.R.: É porque o eu físico e a sua memória não têm possibilidade de saber o que o verdadeiro Ego faz. O sonhador capta apenas pálidos vislumbres das atividades do

Ego, cujas ações produzem o chamado sonho no homem físico, mas ele não é capaz de acompanhá-lo consecutivamente. Um paciente delirante, ao recuperar-se, assume, em relação à enfermeira que o atendia e que cuidava dele durante a sua doença, a mesma atitude que o homem físico tem diante do seu verdadeiro Ego. O Ego age tão conscientemente dentro e fora do homem físico, quanto a enfermeira age, ao atender e cuidar do homem doente. Mas nem o paciente, depois de deixar sua cama de hospital, nem o sonhador, depois de acordar, serão capazes de lembrar qualquer coisa, exceto em fragmentos e vislumbres.

O Sono, a Morte e o "Fantasma"

34.P.: Até onde vai a diferença entre o sono e a morte?

34.R.: Há, certamente, uma analogia, mas a diferença entre os dois estados é muito grande. Durante o sono há uma ligação, embora ela seja tênue, entre a mente inferior e a mente superior do homem, por mais que os seus raios possam estar distorcidos. Mas, uma vez que o corpo esteja morto, o corpo da ilusão, *Māyāvi Rūpa*, se torna *Kāma Rūpa*, ou alma animal, e é deixado a cargo dos seus próprios mecanismos. Portanto há tanta diferença entre o fantasma e o homem, quanto há entre um homem grosseiro, animal, material, mas sóbrio, e um homem completamente bêbado e incapaz de distinguir as coisas mais básicas ao seu redor; entre uma pessoa encerrada em um quarto totalmente escuro e outra pessoa em um quarto iluminado, ainda que imperfeitamente por uma ou outra luz. Os princípios inferiores são como animais selvagens, e o *Manas* superior é o homem racional que os doma, ou os submete com êxito maior ou menor. Mas, uma vez que o animal se vê livre do dono que o mantinha sob controle, no momento que ele deixa de ouvir a voz do dono e de vê-lo, ele toma de novo o rumo da floresta e da sua antiga toca. É necessário algum tempo para que um animal retorne ao seu estado original e natural, mas esses princípios inferiores, ou esse "fantasma", retornam instantaneamente, e logo que a tríade superior entra no estado *devachânico*, a tríade inferior retorna àquilo que era desde o início, um princípio dotado de puro instinto animal, e que se torna ainda mais feliz pela grande mudança.

O Espectro: Sua Evocação

35.P.: Qual é a condição de Linga-sharīra, ou corpo plástico, durante os sonhos?

35.R.: A situação da forma plástica é ficar adormecida com seu corpo, a menos que seja projetada por algum poderoso desejo gerado em *Manas* superior. Ela não cumpre papel ativo nos sonhos, mas, ao contrário, é inteiramente passiva, constituindo uma testemunha involuntária e semiadormecida das experiências vivenciadas pelos princípios superiores.

36.P.: Em que circunstâncias esse fantasma é visto?

36.R.: Às vezes, em casos de doença ou de paixão muito forte da parte da pessoa vista ou da pessoa que vê; a possibilidade é mútua. Uma pessoa doente, especialmente pouco antes da morte, tem grande probabilidade de ver, em sonhos ou em visões, aqueles a quem ela ama, e em quem está continuamente pensando, e, assim também, uma pessoa acordada que pense intensamente em uma pessoa adormecida naquele momento.

37.P.: Um mago pode evocar essa entidade adormecida e dialogar com ela?

37.R.: Em magia negra não é algo raro evocar o "espírito" de uma pessoa que dorme; o feiticeiro pode, então, saber da aparição qualquer segredo que ele queira, e o indivíduo adormecido continua sem saber o que está ocorrendo. Em tais circunstâncias o que aparece é o *Māyāvi-rūpa*; mas sempre há um perigo de que a memória do homem vivo preserve as lembranças da evocação, e lembre dela como um sonho vívido. Por outro lado, o duplo ou *Linga-sharīra* pode ser evocado, se isso não ocorrer a uma grande distância. Mas o *Linga-sharīra* não pode falar nem dar informações, e sempre há a possibilidade de que o indivíduo adormecido morra devido a essa separação forçada. Muitas mortes súbitas durante o sono têm ocorrido assim, e o mundo não fica mais sábio por causa disso.

Mediunidade Perigosa

38.P.: Pode haver algum contato entre alguém que sonha e uma entidade que está no kāma-loka*?*

38.R.: Aquele que sonha com uma entidade que está no *Kāma-loka*, provavelmente, experimentará um pesadelo, ou correrá o risco de ficar “possuído” pelo “fantasma” atraído desta forma, se ele for um médium, ou se for alguém que tenha se tornado tão passivo, durante as suas horas de vigília, que, até mesmo seu Ego superior é agora incapaz de protegê-lo. É por isso que o estado de passividade mediúnica é tão perigoso, e com o tempo torna o Ego superior completamente indefeso para proteger ou mesmo para alertar a pessoa adormecida ou em transe. A passividade paralisa a conexão entre os princípios superiores e inferiores. Só muito raramente são encontrados exemplos de médiuns que, enquanto permanecem passivos por vontade própria, com o objetivo de comunicar-se com alguma inteligência mais elevada, algum espírito extraterreno (não desencarnado), preservam, no entanto, suficiente vontade pessoal para não cortar toda ligação com o Ego superior.

39.P.: Um sonhador pode entrar em contato com uma entidade que esteja no Devachan*?*

39.R.: Os únicos meios possíveis de comunicação com um habitante do *Devachan* são, durante o sono, por meio de um sonho ou visão, ou em estado de transe. Nenhum habitante do *Devachan* pode descer até o nosso plano; nós – ou melhor, nosso *Ego interno* – é que devemos subir até ele.

40.P.: Qual é o estado mental de um bêbado, durante o sono?

40.R.: Não se trata realmente de um sonho, mas de uma letargia pesada; não há um descanso físico, mas algo pior que a insônia, que destrói o bêbado com igual velocidade. Durante essa letargia, assim como durante o estado de vigília do bêbado, tudo gira, e se revolve no cérebro, produzindo formas horríveis na imaginação e na fantasia, em contínuo movimento e evoluções circulares.

41.P.: Qual é a causa dos pesadelos, e como é que os sonhos de pessoas que sofrem de doenças graves são, frequentemente, agradáveis?

41.R.: A causa dos pesadelos é simplesmente fisiológica. Um pesadelo surge de uma opressão e dificuldade de respirar; e a dificuldade de respirar sempre criará tal sentimento de opressão e produzirá uma sensação de calamidade iminente. No segundo caso, os sonhos se tornam agradáveis, porque o doente fica cada dia mais afastado do seu corpo material, e, proporcionalmente, mais clarividente. Com a aproximação da morte, o corpo se desgasta, e deixa de ser um impedimento ou uma barreira entre o cérebro do homem físico e o seu Ego superior.

42.P.: É bom cultivar a vida de sonho?

42.R.: É cultivando o poder do que é chamado "sonhar" que a clarividência é desenvolvida.

Interpretação dos Sonhos

43..P: Há quaisquer meios de interpretar sonhos – por exemplo, as interpretações dadas em livros sobre sonhos?

43.R.: Nenhum meio, exceto a função clarividente e a intuição do "intérprete". Cada Ego sonhador difere de todos os outros, assim como ocorre com os nossos corpos físicos. Se tudo no Universo tem sete chaves para o seu simbolismo no Plano Físico, quantas chaves não pode haver nos planos superiores?

Classificação dos Sonhos

44.P.: Há algum meio pelo qual se possa classificar os sonhos?

44.R.: Nós podemos, grosseiramente, dividir os sonhos também em sete classes, e, por sua vez, subdividi-los. Assim nós teríamos a seguinte classificação:

1. Sonhos proféticos. Esses sonhos são impressos em nossa memória pelo Ego superior, e são, geralmente, claros e diretos: ou uma voz é ouvida, ou o acontecimento futuro é visto.

2. Sonhos alegóricos, ou pálidos vislumbres de realidades captadas pelo cérebro e distorcidas pela nossa fantasia. Em geral, esses sonhos são apenas verdadeiros em parte.

3. Sonhos enviados por adeptos, bons ou maus, por mesmerizadores, ou pelos pensamentos de mentes muito poderosas para que cumpramos a sua vontade.

4. Sonhos retrospectivos; sonhos com acontecimentos que pertencem a encarnações anteriores.

5. Sonhos de advertência para outros que são incapazes de receber, eles próprios, as impressões.

6. Sonhos confusos, cujas causas já foram discutidas acima.

7. Sonhos que são meras fantasias e imagens caóticas, devido ao processo digestivo, a alguma preocupação mental, ou a alguma outra causa externa semelhante.

Apêndice

A Natureza Setenária do Homem

Conceitos Gerais

Princípios são os elementos ou essências originais, *as diferenciações básicas sobre as quais todas as coisas foram construídas*. Usamos esse termo para nos referir aos sete aspectos, individuais e fundamentais, da Realidade Única.

H. P. Blavatsky, em *A Doutrina Secreta,* escreve que: "Temos várias vezes repetido que nem os planos cósmicos de substância *nem os princípios humanos* (com exceção do plano ou mundo ínfimo de matéria, e do corpo físico, que, conforme explicamos, não são princípios) *podem ser localizados ou imaginados no Espaço e no Tempo*. Assim como os planos são sete em Um, também nós somos sete em UM – naquele Absoluto ou Alma do Mundo, que é ao mesmo tempo Matéria e Não Matéria, Espírito e Não Espírito, Ser e Não Ser. Aqueles que desejem estudar os mistérios do EU devem compenetrar-se bem desta ideia"[121].

Finalmente, complementando o que foi dito: "*Cada Princípio está em um plano diferente*. O discípulo deve elevar-se até ele, um após o outro, assimilando-os sucessivamente, de modo que os três sejam um só. Este é o verdadeiro fundamento da Trindade"[122].

---

[121] *A Doutrina Secreta,* H. P. Blavatsky, Ed. Pensamento, volume VI, p. 92.
[122] *A Doutrina Secreta,* H. P. Blavatsky, Ed. Pensamento, volume VI, p. 181

A seguir apresentamos os *sete aspectos* ou *princípios* através de dois quadros[123]

Quartenário Inferior

Termos Sânscritos	**Significado esotérico**	**Explicação**
a) Rūpa ou Sthūla-Sharīra	a) Corpo físico	a) É o veículo de todos os demais "princípios" durante a vida.
b) Prāna	b) Vida ou princípio vital	b) necessário só para **a, c, d** e para as funções de *Manas* inferior, que abrangem todas as funções limitadas ao cérebro físico.
c) Linga Sharīra	c) Corpo astral	c) O duplo, o corpo-fantasma.
d)Kāma Rūpa	d) A sede dos desejos e das paixões animais	d) O centro do homem animal, onde se acha a linha de demarcação que separa o homem mortal da entidade imortal.

123 BLAVATSKY H.P. *A Chave para a Teosofia,* Brasília: Ed.Teosófica, p. 88.

A Tríade Superior Imperecível

Termos Sânscritos	Significado esotérico	Explicação
e) *Manas*, um princípio dual em suas funções	e) Mente, Inteligência – que é a mente humana superior, cuja luz ou irradiação une a Mônada, durante a vida, ao homem mortal.	e) O estado futuro e o destino *kármico* do homem dependem de se *Manas* gravita mais para baixo, em direção a *kāma-rūpa*, o centro das paixões animais, ou para cima, em direção a *Buddhi*, o Ego espiritual. Nesse último caso, a consciência superior das aspirações espirituais individuais da mente (*Manas*), assimilando *Buddhi*, é por esse absorvida, formando o Ego, que entra em bem-aventurança *devachānica*.
f) *Buddhi*	f) Alma Espiritual	f) O veículo do Espírito puro universal.
g) *Ātmā*	g) Espírito	g) A Unidade com o Absoluto, como sua irradiação.